철학적 이성의 조건

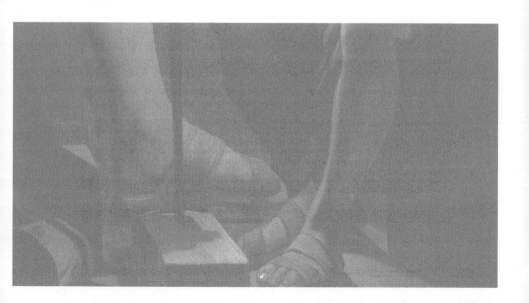

철학적 이성의 조건

발행일 초판1쇄 2017년 1월 11일 • **지은이** 피에르 테브나즈 • **옮긴이** 이철우

펴낸이 이희선 • **펴낸곳** (주)그린비출판사 • **주소** 서울 은평구 증산로1길 6, 2층

전화 02-702-2717 • **이메일** editor@greenbee.co.kr • **신고번호** 제25100-2015-000097호

ISBN 978-89-7682-250-5 93100

이 도서의 국립중앙도서관 출판예정도서목록(CIP)은 서지정보유통지원시스템 홈페이지(http://seoji.nl.go.kr)와
국가자료공동목록시스템(http://www.nl.go.kr/kolisnet)에서 이용하실 수 있습니다.(CIP제어번호: CIP2017000322)

나를 바꾸는 책, 세상을 바꾸는 책 www.greenbee.co.kr

철학적 이성의 조건

피에르 테브나즈 지음 | 이철우 옮김

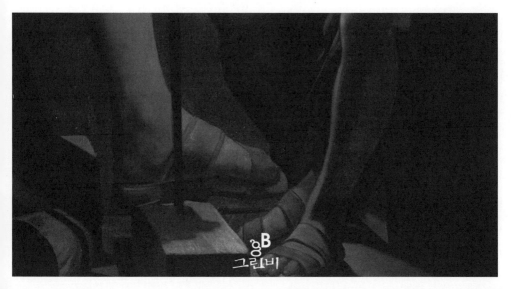

ㅎB
그린비

일러두기

피에르 테브나즈는 오래전부터 철학자와 크리스천에 대한 자신의 반성의 정수를 담고 있는 이 책을 준비했다. 예전에 『프로테스탄트 철학 입문』이라고 예고된 이 미완의 작품은 『철학적 이성의 조건』이라는 제목으로 출간하게 되었다. 이는 최초의 제목이 피에르 테브나즈를 만족시키지 못했고, 말년에 이르러 그의 의도는―그의 친구들이 알고 있듯이―점점 더 자신의 사유에 철학적 표현을 부여하고 있기 때문이다. 원고 전체는 그 증거를 제시하고 있으며 저자가 제목을 붙이지 않아서, 편집자들이 이 저작의 두 가지 표기에 따라 구성하지 않으면 안 되었다.

그러나 이 책 속에는 신앙의 현존이 고스란히 남아 있다. 대체로 사람들이 체험한 신앙의 측면과 철학의 측면을 조심스럽게 구별하는 버릇이 있는 반면에, 피에르 테브나즈는 이 두 가지를 혼동하지 않으려고 무척 애를 쓰면서 믿는 자로서 철학했고, 철학자로서 믿었다. 그는 철학자로서 자신의 연구 목적과 방법을 생각했지만, 자신의 이중적인 경험을 나타낼 표현과 어조를 이미 발견했다고 생각하지 않았으며, 그것이 바로 끊임없이 자신의 저작을 손질했던 이유다.

이로부터 다음과 같은 문제가 제기된다. 이 원고를 1955년에 미완결된 채로 간행해야 하는가? 마담 피에르 테브나즈는, 자신의 유보된 권리에도 불구하고, 이 텍스트를 몇몇 철학자들과 책의 편집을 준비하는 연구

위원들에게 위임했다. 이 간행이 이루어진 것은 철학적 논제들의 중요성 때문이다. 테브나즈는 인간의 이성이 근본적으로 문제가 된다는 것을 알지 못하는 한, 진실로 자기 자신이 되지 못한다는 것을 철학자로서 이해했다. 특히 그는 이 문제 제기의 조건들을 새로운 방식으로 심화시켰다. 따라서 그 원고를 미완성 상태로,[1] 있는 그대로 간행하기로 결정했다. 그러므로 독자가, 완전하게 편집된 페이지들과는 달리, 단절, 공백, 반복 그리고 보다 구어체 스타일의 구절들을 발견하는 것은 놀라운 일이 아니다.

그는 인간과 동일 선상에 있으려 하는 철학을 발견한 것이다. 인간과 동일 선상에 있는 철학은 그 애매성을 망각하게 할 위험을 무릅쓰며 인간과 이성을 정당화하려 드는 그 절대적 체계들을 배제한다. 이 철학은 먼저 자기 자신과 자신의 힘을 자각하기 위해 투쟁하면서 이성의 인간적 조건을 추출해 내려고 노력한다.

이성은 세계 경험, 곧 도덕적 경험 또는 과학적 경험이라는 장애물 앞에서 살아가는데, 이는 자신이 위기에 처해 있고, 그 위기 속에서 이성은 한 인물처럼 나타나며, 자신의 한계, 오류, 원천들을 자각하기 때문이다. 점점 더 가공할 경험에 의해 문제로 떠오른 이성은, 본래의 특성이 그러하기 때문에, 모든 문제의 주인이 되고 주도권과 통제권을 가지면서, 그 모든 문제들을 자기 방식대로 다시 제기하려고 노력한다. 그러나 하나님의 말씀 앞에 이성은 마침내 결정적으로 문제가 된다. 이러한 새로운 경험을 확립하는 것은 이성이 아니며, 이성은 이 경험을 자신의 방식으로 환원할 수도 그것을 지배할 수도 없다. 하지만 이성은 그 시험을 스스로 거부할 수도 없는데 이는 모든 경험을 받아들이는 것이 본성과 엄정함에

---

1) 책의 말미에 작품 해제를 보라.

서 나오는 것이기 때문이다.

이로부터 이성은 더 이상 절대적이지 않으며, 곧 그것은 하나님의 말씀 앞에 있다. 이성이 더 이상 신적이지 않은 까닭은—게다가 악마적이지도 않다.—하나님의 말씀이 이성을 문제로 삼으면서 이성이 자신에게 귀속시킨 절대적인 의미를 미해결인 채로 두기 때문이다. 이성이 무가치한 것이 아닌 까닭은 이성이 그 문제를 이해하기 때문이다. 이러한 근본경험에 의해, 자신에게 되돌아 온 이성은 자신에게 나타나고 새로운 지위를 취하며 그것은 뛰어넘을 수 없는 자신의 한계로부터 '구성'된다.

이와 같이 이성은 인간과 마찬가지로 조건에 처해 있으며 자신이 단순히 인간적임을 발견한다. 그것은 인간의 한 측면 또는 특별한 기능이 아니라 인간 전체와 공외연적이다. 오늘날 사유에 의해 분명히 드러난 인간 조건의 논제는 여기에서, 그러나 새로운 빛 속에서, 인간을 자신의 이성으로 정의하는 전통과 다시 만난다.

인간은 이제 조건의 통일 속에서 도처에서 이성적 존재이고, 도처에서 신앙의 존재로 나타난다. 따라서 그는 믿는 자의 이성의 과제가 무엇인지를 검토한다. 그런데 이제 인간적인 이성과 마찬가지로 신앙도 인간과 동일 선상에 있는 신앙이며, 그것은 총체적인 경험 속에서 표면화된다. 이성은 조건을 자각하게 한 경험 속에서 또한 새로운 신뢰를 발견했다. [그것은] 논증하고 해결하고 판단하는 절대적인 힘에 근거를 둔 신뢰가 아니라, 자신의 과제가 단지 인간과 동일 선상에 있음을 안다는 확신이다.

바로 이러한 것들이 강렬한 인상을 주는 이 작품의 주요한 논제들이다. 그러나 피에르 테브나즈에게 중요한 것은 이성이 자신의 전통적 보증들을 상실해서 더 이상 자신에게 근거를 둘 수 없을 때 인간적 조건의 근거를 발견하는 것이다. 이 책 전체에 걸쳐서 그 문제들을 야기하고 그 문제들의 한계를 정하면서 그가 지지하기를 그만두지 않은 것이 바로 이러한 근본화의 노력, 이러한 '근본적인 문제 제기'이다. 그러므로 이 책은 반성의 길이며, 방법으로 구성된다. 테브나즈에 따르면, 우리 시대의 철학자에게 방법의 발견은 철학의 구상 작업에 선행하지 않으며, 그것은 이미 그 철학이다. 각각의 새로운 경험에 적응하면서 전진하고 동시에 보다 개인적으로 됨에 따라 이러한 반성은 역량을 발휘하고 또한 좀 더 진실한 것이 된다.

이와 같이 철학은 항상 탐구요, 인간의 탐구이며 자각이다. 그러나 이성으로 하여금 자신의 방법의 모든 원천들과 함께 자기 자신을 스스로 자리매김 하도록 고무시키는 것은 바로 하나님의 말씀이며, 이와 마찬가지로 불신앙의 표적이 되는 인간의 신앙이 전진하는 것은 바로 하나님 앞에서다. 피에르 테브나즈의 철학이 시작되는 것은 바로 이성과 신앙의 이 이중적인 길 위에서이다.

편집자들

차례

제2부 제 2장 계획표[2]

제2부 ㅣ 철학적 이성의 기독교적 조건

---

2) 작품 해제 참조..

---

3) 이하 저자가 계획했으나 쓰지 못한 목차.

| 일러두기 |

1. 본문의 주석은 모두 각주로 처리했다.

2. 인용문에서 대괄호[ ] 안의 주는 독자의 이해를 돕기 위해 필자가 삽입한 것이다.

3. 본문 중 독자의 편의를 위해 편집자가 용어 해설을 주석으로 단 부분은 [ ]안에 인용 근거를 밝혔다.

4. 단행본, 정기간행물 등은 겹낫표(『 』)로, 논문 등은 낫표(「 」)로 표기했다.

5. 외국 인명과 지명 등은 2002년에 국립국어원에서 펴낸 외래어표기법을 따르는 것을 원칙으로 했다.

제1부
/
철학적 이성의 인간적 조건

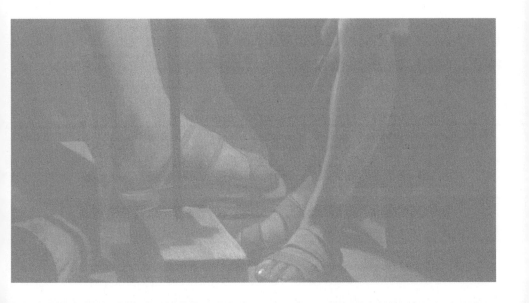

제1장_ 충격-경험, 철학적 근본화의 요소

1. 충격-경험

철학적 반성에 결정적인 자극과 유익한 각성을 제공한 것은 항상 경험이다. 때때로 충격-경험이 우리를 각성시키고 우리에게 부딪히지 않는다면, 우리는 사유의 습관, 모든 만들어진 관념들, "자명한 것"의 독단적 선잠에 빠지기 마련이다. "현실적인 것에 물어뜯기는 것"이 없다면, 꺼칠꺼칠한 실재와의 접속이 없다면, 우리의 철학은 구름 속에 중첩된 말에 관한 논쟁, 어구에 대한 집착이 될 것이다. 형이상학의 거대한 부흥은 형이상학적 위치에서 내려오지 않았고, 철학의 진보는 주피터(Jupiter)의 두뇌를 완벽하게 머리에 쓴 채로 출발하지 않았다. 그것은 경험으로부터, 곧 삶 속에서, 사유의 삶 속에서, 감정의 삶 속에서, 또는 도시에서 또는 역사의 삶 속에서 회피할 수 없고 심지어 항상 설명되거나 분류될 수도 없는 끊임없는 사건으로부터 솟아났다. 이러한 뜻밖의 장애물들, 곧 사유가 눌어붙고 끊임없이 다양한 방법으로 공격하지만, 그것도 또한 기대지 않을 수 없는 환원 불가능한 실재들을 쉽게 으스러뜨리거나 깨뜨리도록 내버려 두지 않는 경험의 단단한 껍질들을 우리 모두는—과거의 철학자들도 마찬가지로—알고 있다.

　일반적으로 안면(安眠)하고 있는 인간의 이성을 깨우기 위해서는 매우 견디기 힘든 경험이 자주 필요하다. 위대한 형이상학적 도전은, 자신에 대한 새로운 의식에 눈뜨도록, 자신을 다른 시각으로 보도록 강요하는 냉혹하게 흔들린 이성 안에 그 기원을 갖는다. 그런고로 경험에 의해 다소 거칠게 다루어지고 흐트러뜨려진 이성은 계속해서 더 명석해진다.

물론 이성을 해방시키기 위해서는 그것을 흔들어 놓거나 혹사하는 것으로는 충분치 않다. 데카르트(Descartes, René)의 노예의 경우에서처럼, 충격은 무기력하고 나약한 이성으로 하여금 싸움을 포기하도록 그리고 좀 더 깊은 잠에 빠지도록 부추긴다. 즉 [이것은] 충격들을 피하는 손쉬운 방법, 곧 사유가 좀처럼 사활이 걸린 필연성이 아니므로 더한층 마음을 끄는 타조의 정치학이다.[4]

일반적으로 형이상학자는 경험에 등을 돌린 사람이라고 생각된다. 이것은 터무니없이 착각한 것이며, 경험과 중요한 양식을 혼동한 것이다. 경험은, 그것이 진지할 때, 그럴법한 것 또는 지극히 자연스러운 것의 측면으로부터 필연적으로 나오는 것이 아니라 오히려 철학의 진정한 원천인 놀라움으로부터 나오는 것이다. 형이상학자는—이성을 변형시키고, 심층적이고 불가피한 대가를 치르더라도 결코 무시할 수 없는 경험에 충실하기 위해—그가 만든 심상을 전복시킬 준비가 되어 있는 자다.

다음과 같은 몇 가지 사례들을 상기하는 것은 무익하지 않다. 주지하다시피 플라톤(Plato)에게 결정적인 경험은 소크라테스(Socrates)의 죽음이다. 진짜 시험이다! 플라톤으로 하여금 도시 국가, 정의의 문제를 완전히 새롭게 다시 시작하지 않을 수 없게 했으며, 의심하지 않은 문제들에

---

4) [역주] 위험을 느낀 타조가 머리를 모래에 파묻듯이 위험한 사태를 바로보기를 회피하는 것을 뜻한다.

대한 의식을 일깨워 주었고, 그로 하여금 소피스트와 확실하게 단절하지 않을 수 없게 한 끔찍한 충격이다. 이데아론의 모든 형이상학은 이 문제들에 대답하는 방법이다. 이 경험을 회피하기 위해서가 아니라 이해하기 위해서 그는 이성과 인간의 인식의 모든 지위에 대해 재고찰하지 않으면 안 되었다.

회의론자들은 다음과 같이 아주 색다른 경험을 한다. 즉 모든 것들이 똑같이 합리적인 근거 위에 세워진 거대한 독단적 체계들의 모순에 대한 당황스러운 경험이다. 진리의 통일성을 겨냥함과 동시에 담론의 동등한 힘(ίσοσθένεια τών λόγων)에 의해 모순에 이를 수 있는 이 이성은 도대체 무엇인가? 회의론자는 더 이상 전통적인 이성의 독단적 보증에 근거할 수 없다. 불쑥 깨어난 그는 자신의 경험에 보다 충실한 태도, 탐구자의 태도를 취한다. 그는 절망적으로 헛되이 출구를 찾는다. 병은 잘 진단하지만, 치유하는 데는 무력하다. 회의론자의 반성의 비극은 간단한 확실성을 단념하면서 자신의 경험에 충실하기를 몹시 원하지만, 동시에 그는 독단적 이성과 독단주의의 개념이었던 절대적 진리라는 개념에 사로잡혀 있다는 것이다. 그는 자신의 경험에 비추어 이성의 지위에 대해 문제로 삼고 또 그 지위를 완화하고 싶어하지는 않았다.

13세기의 중세 사유 안에 형이상학자이자 물리학자인 아리스토텔레스(Aristoteles)의 출현은 우리가 그 폭력성을 쉽게 평가할 수 없는 시험이자 충격이었다. 왜냐하면 장구한 투쟁 후에 이번에는 토마스 아퀴나스(Thomas Aquinas)가 전통적인 아우구스티누스(Aurelius Augustinus)주의와 관련하여 인간의 이성의 지위를 근본적으로 변형시키면서 그 균형을 성공적으로 확립했기 때문이다. 토마스주의의 형이상학은 모든 점에서 서구 전체에 강한 각성을 강요한 아리스토텔레스적이고 기독교적인 이중적 경험에 부합했다.

철학사의 또 다른 결정적인 전환에서 칸트(Immanuel Kant)는, 양자 모두 첫눈에 보기에 동등하게 타당한, 뉴턴(Sir Isaac Newton) 과학과 흄 (David Hume)의 비판을 비교하는 당황스러운 (그를 독단적 선잠에서 깨웠던) 경험을 했다. 단지 한 출구만이 있었다. 이것은 자신의 역량을 발휘했던 과학적 진리에 대한 이성의 지위를 바로 잡게 해주었던 근본적인 비판에 의해서 이성의 문제를 애초부터(ab ovo) 다시 시작하는 것이다.

이번에는 이와 완전히 다른 경험의 장부에서, 우리는 멘느 드 비랑 (Maine de Biran)에게서 자신이 체험한 경험, 곧 초감각적인 기질의 경험이 어떻게 새로운 형이상학의 출발점이 될 수 있는가를 볼 수 있다. 그는 변화무쌍한 변덕스러운 기질에 자기를 내맡기거나 혹은 이러한 지속적인 시험을 회피하지 않고, 몸과 사유의 분절을 점점 더 새로운 시각으로 보는 법을 익히면서 그 시험을 고려하였다. 멘느 드 비랑이 확립한 몸에 관한 이성의 새로운 지위는 결정적인 경험의 권리를 인정하려 애썼다.

최근에는 현대 물리학의 진보가 얼마나 철학이 변형되도록 그리고 인간의 이성의 구조와 지위를 새로운 방식으로 고려하도록 강제하는 결정적인 경험인가를 우리는 알고 있다. 게다가 과학과 특히 실험 과학의 발전은 이성에게는 항상 시험이었다(아리스토텔레스는 13세기에 이미 그러한 것의 명백한 본보기다).

*

이와 같이 경험은 철학 안에서 그 가치를 과대평가해도 지나치지 않는 충격의 힘과 이의 제기의 능력을 갖는다. 철학이 착상되는 곳은 최고 권한을 가진 이성의 궁전이 아니라 인간의 이성이 전복되고, 구멍이 뚫리고, 공격당하며, 문제가 제기되는 이의 제기의 광장이다. 이성이 비판적 작업을 추구하면서 자신과 세계를 의식하는 것은 바로 새로운 "경험"에 의해서 끊임없이 고무되는 위기와 불확실성의 분위기 속에서다.

우리가 환기시켰던 충격-경험들에 직면한 철학적 이성은 법정이나 재판관의 모습으로 나타나지 않는다. 오히려 철학적 이성 그 자체가 경험에 의해 연루되고 문제시된다. 각 시대에 철학이 공통의 사유가 되자마자 그리고 그것이 더 이상 시험 받지 않게 되자마자, 이성은 약화되고 자신이 이의 제기할 수 없는 것이라고 생각하는 확고부동한 것 속에 자리를 잡는다. 그러나 경험은 닫혀 있는 철학들을 끊임없이 다시 열어주고, 인간적인 이성과 그것이 자기 주위에 분비했던 체계를 다시 문제로 삼는다. 그 독단적 선잠에서 철학자를 깨우는 이의 제기는 껍질을 깨뜨리고, 놀라움의 문들을 다시 열고, 철학적 탐구를 고무시킨다. 모든 참다운 경험은 이성을 문제로 삼는다. 다시 말하면 이러한 시험 속에서 이성은 그 자신이 문제가 된다(quaestio mihi factus sum).

절대자와 흔들릴 수 없는 것에 익숙한 철학과 철학자의 차분한 표정과 아타락시아(ἀταραξία, ataraxia)[5)]에 대해 사람들은 너무 쉽게 주장한다. 실제로 철학은 본질상 이의 제기되며 그리고 그것은 이의 제기다.

---

5) 에피쿠로스학파와 퓌론주의의 대표적인 개념으로, 어떤 것에도 흔들리지 않는 영혼의 평정 상태를 말한다. [두산백과]

2. 이성의 이의 제기

철학자는 이의 제기할 수 없는 것을 겨냥한다. 그는 자신이 필연적 진리를 획득한 날, 데카르트처럼 그가 확고부동한 것(l'aliquid inconcussum)을 소유한 날, 인식의 기획이 성공한 것으로 본다. 절대자나 절대적 진리는 이의 제기와 비판을 따돌릴 만큼 충분히 견고하고, 지속적이며, 정당하다. 적어도 이러한 점에서 철학자의 비판은 침묵을 지킨다. 그는 논증했고, 확실성이 부여되었으며, 견고한 상황으로 나아가며, 보증된 진리를 내세운다. 여전히 이의 제기가 생긴다면, 그것은 오해, 무분별 또는 기만일 것이다.

그러나 그는 제일원인을 모르지 않는가? 그가 소위 이의 제기할 수 없는 자신의 진리, 자신의 체계를 다른 사람들에게 알리자마자, 비판들이 비 오듯 쏟아지고 이의 제기는 증가된다. 철학자 자신은 오직 비판, 이의 제기, 그가 거부한 모든 반성에 대립된 "아니오"에 의해서만 이의 제기할 수 없는 것을 제거했다. 그러나 일정한 순간에, 그는 찾던 것을 얻었고 이의 제기하는 것을 그만두었다. 하지만 다른 철학자들은 그것을 이어나갈 책임을 떠맡는다……. 그리고 이의 제기는 재탄생하고 지속된다.

이와 같이 철학사는 대대로 오랜 이의 제기로써 전개된다. 철학적 반성은 이전 시대의 명증성, 아직 충분히 정당화되지 못한 상식의 확실성을 문제 삼는 것으로 시작한다. 그것은 이의 제기할 수 없는 것을 향하여 이의 제기에서 이의 제기로 자신의 꾸불꾸불하고 울퉁불퉁한 길을 관통한다.

철학적 질문은 결백하지도 무해하지도 않다. 질문은 비판적이다. 곧 그것은 이의 제기하며, 갉아먹고, 파괴한다. 그것은 집요하며 그 전통이

제아무리 존중할 만한 것일지라도, 진리의 이름으로 어떠한 전통도 존중하지 않는다. 편견이란 사람들이 이의 제기하는 것이라든가 또는 사람들이 이의 제기하는 것이라고 언명된다. 철학적 반성의 충실한 동반자, 그것의 원동력이자 해방자인 의심은 역사를 관통하여 긴 고랑을 파고 그리고 자칭 이의 제기할 수 없는 진리들의 침착한 파괴자가 된다.

질문하는 것은 의심하는 것이고, 이의 제기하는 것이다. 질문이 근본적이면 근본적일수록, 그 질문은 더 이의 제기한다. 부정에서 부정으로, 에포케(ἐποχή, eopchē)에서 에포케로, 철학적 반성은 나아간다. 철학적 반성은 이의 제기할 수 없는 것을 목표로 설정하지만, "이번에" 마침내 이의 제기할 수 없는 것에 손을 대거나 또는 거기로 이끌 결정적인 길에 이른다는 구실 하에, 그것은 "최종적인" 이의 제기를 시도한다. 이와 같이 그것은 사실들 속에서 그 깊은 의도를 반박하는 것으로 보인다. 이의 제기는 실제적인 역사요, 매우 오래된 철학적 반성의 효과적인 과정인 반면에, 이의 제기할 수 없는 것은 철학의 신기루요, 당나귀로 하여금 앞으로 나아가게 하기 위해서 그 앞에 매달아 놓은 당근인가?

사실 철학자가 이의 제기는 하지만 마치 마지못해서 그렇게 한다는 것인가! 이의 제기란 진리를 추구하는 도상에서 오류를 제거하기 위해 필요한 하나의 부득이한 수단, 곧 빗자루 질인가! 우리는 더 이상 그것에 대해 생각할 수 없고, 알 수 없고, 반성을 수반하는 그림자로 간주할 수 없다. 우리는 진리의 빛에 의해 조명된 양상을 꿰뚫어 볼 수 있는 눈을 갖는 것으로 만족한다. 그러나 철학자들은 이러한 환상을 우리에게서 제거할 책임을 떠 맡는다. 이의 제기는 단지 마지못해 싸우는 투사들의 무기가 아니다. 철학자는 그것을 기꺼이 떠맡으며, 그것의 방법과 체계를 만든다. 필요할 때 그는 이의 제기하는 것에 그치지 않고, 근본적으로 이의를 제기한다. 소피스트의 자가당착, 회의주의자의 근본적이고 체계적인 의심, 데카르트의 방법적이고 "과장된" 의심, 이성을 엄격한 법정 앞에 출두하게 하는 칸트의 비판, 상대주의자와 실증주의자의 절대자와 형이상학에 대한 체계적인 이의 제기, 현상학적 에포케, 철학에서 이의 제기가 근본적인 것이 될 때 바로 이런 것들은 일종의 부정의 확장, 반성의 불모화 내지는 봉쇄를 의미하는 것이 아니라는 것을 보여주는 수많은 사례들이다. 그것들은 이따금 반성할 때 혁신적이고 해방적인 도약을 새기고 그것을 좀 더 철저한 근본성을 향하도록 이끌 수 있다. 간단히 말하면, 이의 제기는 부정적으로나 논쟁적으로 철학적 반성의 본질적 요소일 뿐만 아니라 철학적 기획의 근본화에 끼친 자신의 적극적인 기여에 대해 자문할 만한 가치가 있다.

3. 이성 지위의 끝없는 변화

첫눈에 보기에 이성은 그 앞에서 많은 경험들이 전개되는 안정된 법정으로 보일 수 있다. 기준들을 갖추고 있는 그것은 이러한 경험들을 판단했고 타당하지 않은 것으로부터 타당한 것을 추려냈다. 철학적 이성은 영원의 측면에서 비롯되었고 인간의 경험을 초월해 있다. 이와 반대로 앞에서 환기된 사례들은 인간의 이성이, 경험의 재생을 제아무리 곰곰이 생각한 끝에 받아들이더라도, 그 자신의 시각에서 끊임없이 변화된다는 것을 우리에게 보여준다. 그러므로 경험은 이성의 바로 그 삶이다. 왜냐하면 어떤 의미에서, 충격-경험의 시험에서 매번 수술비를 부담하는 것은 바로 인간의 이성이기 때문이다. 그것은 경험에 충실하기 위해서 탈바꿈하고, 다른 지위를 스스로에게 부여할 책임을 인수한다. 그렇지 않으면, 경험은 복수할 것이다. 고려되지 않은 사실은 항상 사유에 설명을 요구하는 것으로 끝난다. 자신의 경험들을 고려하지 않는 참된 학문은 생각될 수 없을 것이다. 철학에서 사정은 이와 다르지 않다.

여기서 우리는 이성의 이의 제기의 참된 의미를 이해할 수 있다. 만일 그것이 혹사당하고 문제시된다면, 그것은 이성을 평가 절하 하는 것도 아니고 이성적 연구의 결과들을 이의 제기하는 것도 아니다. 이의 제기된 유일한 것은 바로 독단적이고 절대적인 입장 위에 이성을 가두어 놓는 것이나 봉쇄하는 것이다. 그러나 이런 점에서 이성의 유혹은 매우 크며 끊임없이 새롭게 되는 이의 제기에 의한 각성이 그 점에서 유용하며 게다가 철학의 진보에 필수적이다.

이러한 이의 제기 앞에서 이성은 포기하지 않는다. 만일 이성이 그것을 포기한다면, 이것은 철학의 종말일 것이며, 이성은 돌이킬 수 없는 회의주의 속에 침몰할 것이다. 반대로 그것은 단련되고 재포착되고, 자기 자신에 대한 새로운 의식을 취하도록 고무되거나 부름을 받는다. 그런데 이런 점에서 철학의 진보는 의심의 여지가 없다. 이성이 현대 철학에서 자신을 보는 의식과 명료성은 데카르트, 토마스, 또는 플라톤 시대의 그것보다 훨씬 더 우월하다. 이성적 탐구의 결과들은 과학에서처럼 끊임없이 재검토되며 바로 그 점에 인식의 진보가 있다. 이성의 지위도 마찬가지며 이성이 경험에 관하여 개방적이고 융통성 있다는 것에 동의한다는 점에서 바로 거기에 철학의 상승하는 행진이 있다.

*

4. 철학의 근본화

이의 제기, 근본화의 요소

철학은 비판이다. 그것은 주관성의 환상들에 대항해서, 자신을 소외시키는 자기 무지나 자기 무의식에 대항해서 추진하는 냉혹한 투쟁에서, 끊임없이 제일의 명증성을 이의 제기하고, 편견들을 문제로 삼는다. 비판적 이의 제기는 현상에 대해 실재가, 환상에 대해 진리가 승리하게 하는 것을 겨냥한다. 철학은 근거를 추구한다.

그러나 끊임없이 다루어진, 그리고 끊임없이 수정된, 일부분의 승리와 부분적인 진보만을 나타낼 수 있을 뿐인 이 비판적 게릴라전에서, 철학자는 투쟁을 좀 더 근본적으로 이끌고 싶은 마음으로 자신의 이의 제기를 근본화하고자 한다. 이의 제기가 단지 무기일 뿐만 아니라 도구이기도 하다는 것이 납득된다. 의식적으로 인도된 이의 제기가 해방적인 도려내기로 존재하며 오류나 불확실성의 근본적인 제거를 촉진할 것이라는 점에서 이의 제기는 자신의 긍정적 가치를 나타낼 것이다.

모든 독단적 철학과 마찬가지로 모든 이성적 철학의 모순으로부터 출발하는 고대의 회의론자는 적어도 소극적으로는 절대자를 믿는 철학이 치명적인 모순 속에 휘말려 든다는 것을 보여 주었다. 그들은 악을 적중시켰고 바로 그것에 의해 방법적으로 기획된 이의 제기의 긍정적인 치유의 효능을 입증했다. 불행하게도 이의 제기에서 이러한 명료성은 번갈아 가면서 모든 길을 폐쇄했지만 그 중 어떤 길도 열지 못했다. 회의주의는 자신이 옳은 바로 그 지점에서 자신의 철학적인 빈약성을 증명했다. 회의주의는 과도한 이의 제기를 통하여 자신이 단념했던 것과 다른 철학의 형식을 생각할 수 없는 것으로 드러났다.

한편, 데카르트 이래로, 근대 철학은 좀 더 예리한 철학적 의식과 철학의 부흥을 향하여 방향 지어진 증대하는 근본화의 길에 관여하고 있다. 이의 제기는 방법적 의심으로 자신의 긍정적 역할과 근본화하는 역할을 뚜렷이 나타냈다. 그것은 철학적 질문의 보다 집요하고 보다 예리한 형식이었다. 데카르트는 단숨에 형이상학에 ─그리고 인간의 인식에 ─ 흔들릴 수 없는 명백한 근거, 곧 참으로 근본적인 출발점을 부여하게 해주었던 제일 진리, 반박할 수 없는 제일의 확실성을 겨냥한다.

그러나 그뿐만이 아니다. 데카르트, 칸트, 키에르케고어(Soren Aabye Kierkegaard), 니체(Friedrich Wilhelm Nietzsche), 후설(Edmund Husserl), 하이데거(Martin Heidegger)와 함께 철학은 자기 자신을 극단에까지 이의 제기하는 데 동의했다. 그것은 회의주의자와 마찬가지로, 독단주의나 절대주의에 대해서 불충분하게 설립된 체계나 확실성에 대해서뿐만 아니라, 특히 자기 자신에 대해서도 역시 이의 제기를 사용함으로써 심연을 따라가며, 필경 자살 또는 지적 희생(sacrificium intellectus)의 가장자리까지 나아가고, 근본적 위기를 여는 동시에 냉혹한 자기 비판을 시작하면서, 철학이 이러한 근본적인 이의 제기의 불 속을 지나간 것처럼, 그 너머에서 새로운 양식을 시작하고 새로운 상황을 발견한 어떤 어려운 고비를 넘어서는 데 성공했다.

자기 자신이 문제가 된다. 철학은 이의 제기를 근본화의 수단으로 인정했다. 그것은 마치 철학이 그때까지 외적인 사건, 자신을 왜곡시키고 연약성을 드러내었던 부정적 요소로 보였던 것을 자신의 본질 속에 새겨 넣는 것과 같다.

철학은 자신의 힘을 바로 그런 방식으로 만들었다. 철학적 질문은 보다 극적인 태도, 곧 사유가 모든 것을 건 단판 승부를 하는 모험의 태도를 취하고 있었다. 왜냐하면 이 이의 제기가, 마치 그것은 당연한 것처럼, 지난 3세기 동안 추구되었던 명증성에 대한 투쟁과 절대자에 대한 투쟁을 기획했기 때문이다. 철학자가 그로부터 분리되어야 할 이성의 제1 명증성 하에서, 보다 더 기본적이고 보다 더 근본적인 명증성을 재포착해야만 한다. 이러한 점에서 악령의 가설은 코기토(cogito) 속에서의 결말과 함께 아주 특징적이다. 데카르트는 정화시키는 효과의 혜택을 입기 위해 그리고 환상의 가면을 벗겨내기 위해 이의 제기라는 조작을 떠맡는다. 그는 그것을 "자기 자신을 스스로 속이는 것"이라고 부르며 바로 그것에 의해 큰 기만자의 속임수를 중립화하고 아주 다른 지평, 곧 사유하는 나의 지평 위에서 보다 근본적인 명증성이 솟아나게 하는 데 성공한다.

이러한 어려운 기획을 성공시키는 것은 모든 회의주의에 근본적으로 대립된 정신 속에서 회의주의적인 이의 제기를 철저하게 활용하는 것이며, 따라서 그것을 무력화시키는 결과를 중립화하는 것이다. 이것은 다른 한편으로 거의 비판적이지 않은 절대주의적 철학의 너무나 독단적인 보증으로부터 자신을 분리시키는 데 성공하는 것이다. 독단주의와 회의주의, 이의 제기할 수 없는 절대자와 이의 제기 사이의 무모한 대립은 이제 극복된다. 이 대립은 상대주의자들의 절반의 회의주의 속에 전혀 떨어지지 않고 탈 절대화된 철학에 자리를 내어 주기 위해 파열한다(또는 오히려 점진적으로 절대자에게 이별을 고한다).

*

철학의 조건

지난 세기의 이러한 경험 속에서 철학은 대단히 귀중한 것을 배웠다. 이성과 진리 또는 이성과 실재와의 관계는 단순하게 그리고 직접적으로 세워지는 것이 아니며, 올바른 이성이 이성적 진리를 확립하는 것과 철학자가 독단적으로 거기에서 궁극적 진리를 인정할 수 있기 위해서 이성 자신이 이의 제기할 수 없는 진리에 대해 거부할 수 없는 증언을 하는 것만으로는 충분치 않다. 절대적 명증성은 아직 궁극적 명증성, 형이상학적 명증성이 아니다. 이의 제기의 가능성뿐만 아니라 근본적인 이의 제기의 실재성에 의해서 더욱 이성은 스스로 자기 자신을 비판하고, 이성이 우주와 실재성의 바로 그 실체이며 따라서 올바른 이성과 실재성 사이의 일치가 문제가 되지 않는다는 것을 인정하지 않는다면, 이성이 자기 자신에 의해서는 이 근본적인 질문의 해답을 발견할 수 없다는 것을 철학으로 하여금 인정하지 않을 수 없게 만든다. 그렇다면 과연 어떻게 인간이 이러한 사정을 확립할 수 있는가가 물어질 것이다. 만일 그것을 단숨에 자명한 것으로서, 전제로서 인정하지 않는다면, 그것을 확립하게 해 줄 수 있는 것은 아무것도 없다는 것을 사람들은 아주 신속하게 깨닫는다. 그 자신이 문제가 된 이성은 이 관계를 필연적으로 문제로 삼게 되자마자, 그것을 이성적으로 설립하거나 보증할 수 있는 것은 더 이상 아무것도 없다. 이성이 발견할 수 있었던 진리들을 납득시키는 명증성 또는 논증에 자신이 부여한 무조건적 인정으로는 충분치 않다.

일단 그 문제가 제기되면—예를 들면 데카르트의 악령의 가설에 의해서처럼—일단 이성과 실재적인 것 사이에 틈이 벌어지면, 오직 신적 보증만이 그것을 다시 닫고 고착시킬 수 있을 뿐이다. 그러나 이러한 보증에 대한 철학적 의존은 말하자면 인간의 이성이 신적 심리학 또는 신적인 오성에 침투할 수 있고 신에게 가능한 것이나 불가능한 것을 해결할 수 있다는 것을 전제한다. 그런데 이러한 의존은 자연적으로 그것이 해결하지 못한 더 많은 철학적 문제 — 또는 철학자가 그때에 자신의 영역을 넘어서서 모험하기 때문에 오히려 초철학적인 문제 — 를 제기한다.

근대 철학적 비판의 방법적 이의 제기는 이성으로 하여금 그것이 무조건적이지 않다는 것과 자신에게 존재론적 기초를 부여하기 위해서 자신을 실체화하지 않거나 인간을 속이지 않는 그리고 모든 것을 자신의 선을 위해 안배한 완전한 신의 외부로부터의 보증을 확보하지 않는다면, 자신의 가치 — 자신의 이의 제기할 수 없는 가치 — 를 자신에게 부여하는 것은 불가능하며, 자신의 고유한 근거를 존재 속에 확립하는 것이 불가능하다는 것을 깨닫게 했다.

만일 고대의 회의주의자들이 인간의 이성에 대한 그들의 이의 제기를 이 지점에까지 밀고 나갔더라면, 그것에 대한 임무수행이 촉진되었을 것이며, 이러한 이의 제기에 직면하여 그들은 "퓌론(Pyrrhon)[6]의 회의주의는 진실이다!"라는 승리의 함성을 외쳤을 것이다. 그들은 거기에서 철학의 무력함에 대한 뚜렷한 증거를 보았다. 이것은 아주 당연한데, 왜냐하면 회의주의자는 그가 비판하는 독단적인 고전 철학들과 동일한 이성의 존재론적 개념 및 동일한 절대적 진리의 개념을 가지고 작업하기 때문이다.

이와 정반대로 근대철학은 이의 제기를 근본화하면서, 회의주의에

---

6) 퓌론(B.C 약 360-270)은 헬레니즘 시대에 활약했던 대표적인 회의론자이다. 그는 인식이 감각으로부터 시작된다고 보았기 때문에 지식은 보편적이지도 절대적이지도 않다고 보았다. 따라서 참되고 확실한 지식을 주장하는 것 자체가 문제가 되기 때문에 판단중지할 것을 주장했다.

대해서 면역되며, 이성의 가치에 관하여 완전히 대립된 결론을 끌어낸다.

정확히 말하면 철학은 바로 그 이의 제기로부터 이성의 지위에 대한 새로운 빛을 끌어내고 새로운 눈으로 자신을 본다. 철학은 절대주의적인 독단주의와 회의주의 사이의 무모한 양자택일을 파열하게 한다. 왜냐하면 양자 모두 철학으로 하여금 유일하고 동일한 운동과 이성의 절대적 타당성, 존재와의 즉자적이고도 자연적인 일치의 관념, 그리고 절대적인 부당성의 관념을 거부하도록 이끌기 때문이다.

이성의 자기 자신에 의한 이의 제기[7]는, 동시에 그리고 진심으로 냉정하게 말해서, 이성이 자신의 작업이 헛되지는 않지만 자신의 근거를 놓친다는 것을 인정해야 하는 바로 그 지점까지 이성을 인도했다. 한편으로 이성이 자기 자신에게 부여할 수 있는 거부할 수 없는 증거가 있는 바, 그것은 검증할 수 있는 진리에 도달한다는 것과 그러므로 한편으로 그 목적과 방법에서 절대적인 보증이 있다는 것이다. 그러나 다른 한편으로 이성의 가치와 이성의 궁극적 실재의 일치가 문제가 될 때 어떠한 보증도— 적어도 철학에서는—없다.

바로 이것이 이의 제기가 근본적인 까닭이다. 이성은 근본적으로 자기 자신이 문제가 된다. 그 문제 제기 또는 그 불확실성, 이성의 내적 확실성 안에 있는 이 걱정거리는 지속적으로 존재한다.

이러한 상황은 이성의 본성, 그 본질과 근거의 문제를 해결하는 것을 가로막지만, 그것은 바로 그 이성 안에 고대 철학과 고전 철학이 인식하지 못했던 자기 자신에 대한 의식, 곧 자신의 조건 의식을 일깨워준다. 파스칼(Blaise Pascal) 처럼 말한다면, 이성에게는 그 자신의 "목적"과 그 자

---

7) 추후에 참조하게 할 이 장의 말미에 관한 저자의 난외의 주석

신의 "원리"가 "침투할 수 없는 비밀 속에 물리칠 수 없게 숨겨져" 있지만, 이성은 자신이 "사물계"로부터 (무시할 수 없는) "어떤 현상"(참조.『명상록』, 브룅슈비크 판, n° 72)을 식별할 수 있다는 것을 안다.

이성은 어떠한 경우에도 자신의 인식에 귀속시킬 수 없는 가치를 자각하는 한편, 절대자의 위력으로부터 자신을 해방시키며 자신이 발견하는 자기 자신과 진리에 대해 보다 정확한─매우 실제적인─가치를 아주 긍정적으로 부여하는 법을 배운다. 그렇다고 해서 파스칼이나 칸트처럼, 이성이 여러 개의 문을 닫고 이제부터 제한된 영역을 자기의 것으로 만들어야 한다고 결론을 내리지는 말자. 자신의 조건을 의식한다는 것은 고전적 이성이 제기했던, 그리고 그것이 해결한 체 했던, 문제가 잘못 제기되었다는 것을 이해하는 것이다. 이성의 존재론적 근거라는 바로 그 개념은 거짓된 문제를 제기하는 거짓된 개념일 것이다. 이성의 조건이라는 개념─우리가 조명해야 할 문제들과 함께─은 적어도 당분간 이성의 문제에 대한 입장의 진보로 인정받는다.

이성은 그것에 의해 제한된 것으로 생각되지 않는다. 이와 반대로 족쇄로부터 풀린 그리고 보다 풍부한 조명 속에서, 이성은 제한되어 있는 자신의 과제를 재검토할 수 있고 또 자신 앞에 새롭고도 지금까지 의심되지 않았던 측면들이 열리는 것을 본다. 사실 우리가 철학의 이 조건으로부터 추출한 회의주의적 또는 상대주의적인 모든 결론은 우리가 고전적 관점에 집착하고 있다는 것을 드러내줄 것이라는 점을 잘 주목하자.

제2장_ 기독교적 경험과 철학적 이성의 유혹

1. 기독교적 경험

만일 여기서 기독교적 경험에 대해서 말한다면, 정확히 더 이상 회피할 수 없는, 우리의 삶과 습관적인 또는 자연적인 사유에 대해서 이의 제기하는, 우리 안에 잠자고 있던 무언가를 문제로 삼고 일깨우는, 간단히 말해서 변환시키는, 충격-경험의 자격으로서일 것이다. 사람들은 이따금 기독교를 교리, 철학, 고양된 또는 깊은 사유의 총체로 간주할 수 있었다. 사람들은 복음 속에서 훌륭한 인간 예수(Jesus Christ)의 생애, 예외적인 도덕적 고양 또는 특히 세련된 종교적 정령의 이야기를 볼 수 있었다. 물론 이미 이러한 자격으로 위대하고 고양된 또는 심오한 모든 것(사유, 태도, 인격)과 마찬가지로, 기독교는 우리에게 충격을 주거나 전복할 수 있으며 바로 그것으로 우리를 다소간 깊게 변화시킬 수 있다. 하지만 그때 사람들은 좀처럼 충격-경험에 대해 말할 수 없다. 왜냐하면 교리나 인격에 직면하여, 항상 자신과 삶의 주인으로 있고, 받아들이고 싶은 것을 받아들이고, 타당한 것과 타당하지 않은 것, 진리와 신비를 선별하기 때문이다. 교리로서의 기독교와 훌륭한 인간이자 인격인 예수에 직면하여, 인간 이성은 조금도 이의 제기되지 않았다. 그것은 자신의 비판적 기능을 발휘하도록, 광석에서 귀금속을 채취하는 방식으로 사실과 증거들을 정화시키고 선별하도록, 사람들이 그때에 비교할 수 없는 것이라고 규정지은 이 책, 곧『성경』에 숨겨져 있는 영적 자양분을 자기 것으로 만들 수 있도록 고무될 뿐이다.

우리가 복음주의자와 사도의 증언을 편견 없이 그리고 전제 없이 들을 때, 복음 속에서 우리가 문제가 되며 또 우리의 삶이 문제가 되고 그리고 근본적으로 문제가 되는 사실과 사건을 만난다면 사정은 이와 전혀 다르다. 십자가 상의 그리스도의 죽음은 명백히 나를 위한 죽음이요, 나의 삶이 변하기 위한 죽음이다. 이 말씀은 모든 시대의 위대한 현인들의 사유나 교리와는 다른 의도—단어들과 일상적인 언어로 된 단어들을 사용하고 있긴 하지만—로 나에게 달리 전달된다. 부활은 신화도, 신념도 또는 사람들이 유감스러워하거나 찬탄하는 어떤 사람의 면모를 부각시키기 위한 어떤 과장도 아니다. 이것은 한번 더 말하지만, 단지 사람들이 기념비적인 것으로 기록한 특별한 역사적 사실만이 아니라, 그것에 관하여 나의 삶이 다른 의미를 갖는 사실이다. 복음주의자들과 사도들의 증언은 그들이 잃은 자와 가까이 있고 싶어하는 동반자들의 소박한 그리고 왜곡하는 이야기가 아니며, 이것은 정확히 모든 사람들의 삶을 변화시키는 것을 목적으로 삼는 사건들에 관하여 그들의 행동과 의미 작용에서 변화된 삶의 증거이다. 그리고 바울(Paulus)의 서신들은 교리적이지 않은 예수의 삶을 위조하면서 구원의 교리로 삼고자 하는 한 인간의 종교 통합주의적인 또는 "신학적인" 사색이 아니다. 이것은, 한번 더 말하자면, 그리스도를 개인적으로 알지 못하지만, 부활하신 그리스도는 그들을 위한 살아 있는 그리스도임을 이해해야 하는 사람들을 위한 증거임과 동시에 사실의 설명이다.

*

비록 이 경험이 보편적이지는 않을지라도, 우리가 오랜 옛날부터 다른 많은 사람들만큼 진정으로 그 경험을 하지는 못했을지라도, 이 경험이 항상 인간에게 총체적인 경험이라는 것을 우리는 잘 알고 있다. 세계와 그 습관 그리고 그 사유들에 사로잡힌 우리가 이러한 총체성이 있음직한 것 속에서 그것을 체험하지는 않을지라도, 비록 다소 신앙심이 없는 그리고 절반의 불신자인 우리가 다시 추락하고 망각하고 변질될지라도, 이러한 경험 속에는 그 전형적인 충격-경험을 이루는 중생, 자유, 은사, 약속, 소망, 부르심이 있음을 우리는 알고 있다.

우리는 이러한 경험의 진행상태와 그것의 독창성을 확실히 불충분한 용어로 묘사하고 있다. 우리는 이러한 불충분함으로 우리 경험의 불충분함을 평가할 것이다. 그러나 이 경험의 보다 올바르고 보다 온전한 개념을 얻기 위해서, 증언들, 복음 그 자체의 증언들, 역사를 관통하는 그리고 우리 주변에 있는 위대한 신자들의 증언들로 충분하다. 우리에게 중요한 것은 오직 철학적 이성을 위하여 그것의 결과들을 인지하고 폭로하는 것이다. 그런데 이러한 맥락에서 철학적 반성이 독특한 태도를 취하며 무시할 수 없는 발견을 한다고 생각하면서, 이 적은 신앙으로라도 우리가 이성의 조건을 위하여 충분히 충격적인 결과들을 미리 예감한다면, 우리는 거기에서 격려와 간접적인 확증을 발견한다. 모험은 추구할 만한 가치가 있으며 다른 모험들은 보다 힘있고 보다 깨어있는 신앙으로 철학적 반성에 틀림없이 더 한층 새로운 길을 열 것이다.

2. 인간 이성의 근본적 이의 제기

이러한 결정적이고 총체적인 경험은 인간을 그의 삶, 행동, 감정과 사유

전체에 걸쳐서 이의 제기한다. [이것은] 다른 존재 이유를 가지고 자신의 힘을 새로운 원천에서 퍼올리면서 살라는 부름, 행동으로 변화하고 대답하라는 부름이다. 혼자 떨어져 있는데 익숙한 이성은 이 경험이 마찬가지로 자신과 관계가 있음을 예감하지만 이성은 언뜻보기에는 그것이 무엇인지 모른다. 이성은 그 관계를 알지 못한다. 새롭게 된 인간은 그리스도 안에서 그리고 그리스도에 의해서 살지만 이성은 그것이 자신에게 뭘 의미하는지를 이해하지 못하고, 이제 그것을 이해하고 싶어한다. 그러나 만일 이 경험이 인간에 의해서 진정성 있게 이루어진다면, 이것은 지혜와 구원에 관계되는 본질적인 것들을 위해 짐짓 그것[경험]이 별도로 떼어놓여져 있기 때문이라는 것을 이성이 이해한다. 사람들은 놀라우리만치 손쉽게 이성 없이 지낸다. 이성은 당혹스럽게도 아주 간단히 무시당하는데, 이것은 이미 고통스러운 굴욕을 나타낸다.

이성과 이 경험 사이에, 철학과 그것으로부터 떨어져서 발전되고 있는 새로운 삶 사이에 깊은 틈이 벌어진다. 이성은 이 경험의 충격 하에서 인간과 삶에 불일치한다. 그것은 고립된다. 이성은 그 경험을 전복할 수도, 이해할 수도, 설명할 수도 없다.

철학적 이성에게는 낯선 상황이다. 그것은 다른 충격-경험들에 의해서 그러했던 것처럼 자신의 활동에서 직접적으로 이의 제기되지 않는다. 보다 충격적이며 보다 당황스러운 것이 있다는 것은 이성이 이러한 점에서 무시당할 수 있고, 이러한 점에서 그것이 고려되지 않기 때문이다. 새로운 형태의 이의 제기다! [이것은] 자신의 주장, 방법, 오류, 과도한 확신에 대한 형식적인 이의 제기도, 자신의 주장을 제한하라는 요청도 아니다. 이것은 오히려 자기 주변에 틈이 벌어지는 것을 보는 일종의 거북함과 불편함이다.

이러한 상황에 직면하여, 이성은 무력함과 너무나 강력함을 동시에 느낀다. [이는] 일종의 명백히 말해지지 않는, 이해할 수 없는, 포착할 수 없는 불만 앞의 무력함이다. 만일 이 불만이 분명해지기만 한다면, 이성은 자신을 변호할 수 있고, 무엇에 기댈지를 알 것이다! 혹은 역으로 힘이 균형을 잃게 된 느낌이다. 물론 거북한 이 사건을 축소하고, 그것을 무효라고, 응당 사람들이 미혹당했다고 생각할 만큼 너무나 한계를 벗어났다고, 사람들이 이의 제기하는 이성적인 좋은 방법이 요구하는 너무나 비사실적인 경험이라고 선언하는 것은 이성에게는 아주 쉬운 일이다. 즉 이러한 경험에 의해 문제가 제기되는 연약성이 있다. 간단히 말하면, 기운을 회복하는 것이 이성에게는 아주 쉬운 일 —쉬운 일이다.— 일 것이다. 이성은 당황하지 않을 것이다. 그러나 들으려 하지 않는 반감이 그것을 멈춘다. 이것은 아주 쉬운 일이다. 만일 인간이 전복되고 새롭게 된다면, 그가 새로운 삶을 산다면, 이성은 거절의 태도를 보이면서 자신의 연약성이나 무기력을 드러내는 것이 아닌가? 이것은 타조의 정치학이 아닌가? 이 점에서 이성은 인간 자신 및 그의 생생한 경험과 분리된다.

바로 이 틈이 너무 깊고, 이 분리가 너무나 뚜렷하여 그것은 육체의 가시가 되지 못하며, 이성이 그것의 대상이었던 다른 모든 이의 제기보다 더 근본적인 이의 제기가 되지 못한다.

게다가 인간에게 전해진 『성경』의 말씀 속에서 철학적 이성은 마침내 자신이 보다 명백하게 문제시되고 있음을 느끼는, 보다 직접적인 질문들에 집착한다. 철학적 이성은 그것을 선호한다!

그러나 철학적 이성은 그때 이의 제기가 대단히 근본적인, 지금까지 그 어느 때보다 더 근본적인 태도를 취하고 있다는 것을 깨닫는다.

3. "이 세상 지혜는 하나님께 미련할 것일 뿐이니"

철학은 이성이 자기 자신을 스스로 이의 제기하기 시작했던 바로 그때에 태어났다. 이러한 이의 제기는 이성의 바로 그 작업, 곧 주관성의 가설들을 배제하려고 애쓰는 비판 정신의 방법론적이고 신중한 야망으로부터 솟아났다. 이의 제기는 탐구의 노력, 곧 회의적(σκέψις)인 검토, 방법적 의심 속에 새겨져 있으며, 그것은 일정한 순간에 필요한 것으로 보이며, 이성이 자기 자신 및 자신의 활동과 진보의 요구들에 대해서 취하는 의식 속에서 일정한 층위를 나타냈다. 이성은 내적 필연성에 복종했다. 비록 이성이 가장 과도한 가설과 역설적인 변증법을 향하여 자신 밖으로 뻗어나갈지라도, 비록 이성이 심연을 스치며 지나갈지라도, 이것은 이성이 그것을 몹시 원했기 때문이다. 또한 이성이 어려움과 모순들을 회피하는 데 동의하지 않기 때문이며, 이성이 모든 오류의 가능성을 두려워하지 않고 예상하고 훑어보기를 원했기 때문이다. 간단히 말하면, 이성은 자신으로 하여금 단계를 뛰어넘게 하고, 탐구의 흐름을 잃게 하거나 이성이 오류가 없기를 원하지 않을 수 없는 이성적 필연성의 전개 속에서 그 매듭이나 불연속성을 받아들이게 했던 모든 선입견이나 성급함을 피하는 데 몰두한 과정의 굴곡을 받아들이면서 내면의 독백의 단계를 따라갔다.

어떤 대화 상대도, 어떤 "타인"(autrui)도 이성의 이러한 독백 속에는 끼어들지 못한다. 낯선 소리를 듣자 마자 이성은 자기가 중재자가 되며, 모든 말을 자신의 생각에 따라 취한다. 만일 반대가 반박된다면, 이성은 그대로 유지되며 이는 사실상 반대도 타인도 없었던 것과 같다. 만일 반대가 참작된다면, 이는 그때 이성이 그것을 자신에게 익숙하게 할 필요성을 인식하기 때문이다. 이성은 이와 같이 일반적으로 철학적 반성의 특징들 중 하나라고 한결같이 인정되는 자족을 지킬 줄 안다. 심지어 가장 심각하고, 근본적인 이의 제기조차도 참으로 이성에게는 전혀 비극적인 특징을 갖지 않는다고 생각된다. 그 자족이 무너지지 않는데, 이는 칸트와 마르크스(Karl Marx)가 말했던 것처럼, 이성이 해결할 수 있는 문제들 밖에는 결코 제기하지 않기 때문이다.

이러한 의미에서 만일 이성이 자신에게 전해진 말을 듣는다면 또는 자신을 문제시하고 있는 구절을 읽는다면, 이성이 탐구의 독백 속에서 그것들을 타당한 요소들로 통합하기 위해 자신의 생각에 따라 다시 취하지 않는 한, 이 말씀이나 구절은 하나의 의견일 뿐이다. 이성은 이성적 인식의 체계 속에서, 자신을 인식하려고 시도하는 지각된 세계 속에서, 그것들에게 동의하고 싶은 결정적인 가치를 부여하는 주인으로 있기 때문에, 세계의 모든 말은 동일한 호의적인 주의와 게다가 동일한 열정적인 호기심을 품은 대로 들려진다. 하지만 동일한 비판이 그것들을 즉각 의견들로, 곧 작업장에 놓을 자연 그대로의 재료들일 뿐인 것으로 환원한다. 이성이 로고스(logos)에 합치되는 바로 그 순간까지 모든 낯선 말은 하나의 억견(doxa)일 뿐이다. 다시 말하면, 그것은 자연적으로 그리고 방법론적으로 자신의 직접적인 충격력이 박탈된다. 이성에 대한 말씀의 영향력은 간접적일 뿐이다. 이성이 그것에 일치시키고 싶어하는 영향력이다. 그리고 이성이 자신을 신들의 또는 신적 실재의 절친한 친구라고 생각하기 때문에, 이성은 지각할 수 있는 인간의 말들과 신의 "소리들"을 전혀 구별하지 못할 것이다.

그러나 아테네에서 바울의 연설 이래로, 기독교의 하나님의 말씀이 그리스의 철학적 이성에게 들린 이래로, 그리스의 철학적 이성은 낯선 소리를 지각하는데, 이 소리는 가장 과도한 가설과 가장 역설적인 변증법을 향하여 자기 자신 밖으로 뻗어나간, 그리고 자신을 초월하기를 갈망하는 이성이 일찍이 들을 수 있었던 소리가 아닌 소리를 지각한다. 육신이되고, 모든 육체처럼 죽고 그리고 부활한 신의 말씀에 대해 그에게 말하는 낯선, 예기치 않은, 충격적인 소리다. 이성에게는 불가지적인 언어다! 그러므로 [이것은] 이성이 자신의 자격과 타당성의 증거들을 제시하고자할 때 이성의 법정의 문에서 들려지기를 기다리는 나머지 모든 것과 같은의견이다. 가공할 역사, 이성이 특별한 애정을 갖지 않는 그토록 많은 다른 이야기들 가운데 있음직하지 않은 이야기다. 이성은 구체적인 사실들의 경험을 선호한다.

그러나 이 복음 속에는 직접적으로 철학적 이성 그 자신에게 말하는말씀들이 있다. "내가 지혜 있는 자들의 지혜를 멸하고, 총명한 자들의 총명을 폐하리라"(고전1,19) 신은 이 세상 지혜의 "어리석음"(고전3,19)을선언한 것이 아닐까?

놀라운 권위로 말한, 원래의 청각으로는 적절하게 알아들을 수 없는글자 그대로 자만심이 강한 이 말씀들은 도대체 무엇인가? 정말로 전도된 세계이다. 만일 이것이 사실이라면, 진리와 지혜를 향하여 펼쳐진 이성의 모든 노력의 헛됨을 선언하는 것이 아닌가? 이 말씀들은 그것들을읽고, 듣고 또는 거기에서 멈춘 이성에게 어떤 권위를 가지며 또 가질 수있는가? 말들은 여전히 그 의미를 갖는가?

심연이 열리고 어리석음의 바람이 전율케 한다.

4. 반항의 유혹

이것은 불가능하다. 최초의 운동은 명백히 반항의 폭발이다. 이 어리석음의 판결, 곧 이성이 자신의 양심에 거리낌 없이 굴복할 수 있는 내적인 증거에서 명백히 아주 부당하고 모순적인 이 판단에 대해 어떻게 반항하지 않겠는가? 누가 감히 이러한 판단을 내리겠는가? 반격을 불러일으키는 참된 도전이다. 이성은 자신의 정당한 권리의 지지를 받고 있으며, 이러한 예기치 않은 판결이 틀렸다고 확신한 이성은 자세한 설명, 증명을 요구한다. 이 공격은 무엇에 근거하고 있는가? 어떤 이유로 이성이 파산했는가? 입증의무(onus probandi)가 과해지는 것은 부당하게 그리고 난폭하게 자신을 변호하도록 강요 받는 자에게가 아니라 공격하는 자에게이다. 그러므로 자신의 위엄이 모욕당하여 주름이 진 이성은 증거들이 처리되기를 기다릴 것이며, 그 증거들이 사실이 아닌 한, 이성은 자신을 비난한 판결이 무효라고 간주할 것이며, 모든 근거의 부재가 이성으로 하여금 반항하게 한다. 이성은 상처를 입었음을 느끼지 못하며, 이성은 순리적으로 그렇게 될 수 없고, 명백히 이성이 옳으며……. 이성은 이와 같이 갑자기 분출한 이 대적자를 압도하기를 바란다.

그러나, 이 이상한 도전에도 불구하고, 화를 낸다거나 몹시 충동적인 반격에 몸을 내맡기는 것은 상궤를 벗어난 것이 아닌가? 이성은 냉정을 잃어서는 안 된다. 공격이 근거가 없다는 강한 추정은 있지만 이성은 쓰라린 경험을 통해 그릇된 원인들이 이따금 최선의 상황이 되는 모든 상황들을 낳는다는 것을 알고 있다. 이성의 의무는 사건을 비판에 예속시키는 것이다. 자신의 비판 정신을 발휘할 수단을 여전히 가지고 있어야 하는가? 첫 번째 단계는 "본론으로 들어가는 것", 곧 어리석음의 공격을 진지하게 취하는 것이 합당한지를 아는 것이다. 사람들은 먼저 말하는 자가 누구인가를 물을 것이다. 신이다! 그러나 어떤 신인가? 또는 누가 이 사람이 바로 그 신이라는 것을 보증하는가? 신이 이성에게 이와 같이 말할 수 있다고 생각하는 것이 과연 그럴법하고 합당한가? 거기에서 이성을 자극할 수 있는 동기가 무엇인지를 생각해보자. 차츰 이성은 자신이 판단자이면서 당사자임을 깨닫는다. 그리고 지혜와 진리에 대한 자신의 주장과 함께, 정확히 그 자체로서의 이성을 문제시하는 공격의 근거를 평가하기 위해 자신이 합리성이나 타당성의 기준을 사용하고 있음을 깨닫는다.

이러한 비판이 정직하며 가능한가? 이러한 비판이 그러한 경우는 오직 신이 이러저러한 판단의 타당성을 이의 제기할 때, 이성의 그러한 잘못을 적중시킬 때뿐이다. 사람들은 여전히 이 고발의 내막을 분명히 알기 위해, 신 또는 이성 중 누가 옳은지를 알기 위해 진리의 규범들을 문제로 삼을 수도 있고 방편으로 내세울 수도 있다. 그러나 그것은 사실이 아니다. 신은 이성이 틀렸다거나 자신의 한계를 뛰어넘었다고 말하는 게 아니다. 신은 이성이 정상을 벗어났다고 고발하는 것이 아니며 비판 정신이 결여되었다고 비난하는 것이 아니다. 신은 이성에게 이성이 어리석다고 말한다. 오류는 또한 고쳐질 수 있고 이 경우에 의사가 이성 안에서 오류를 진단하자마자 이성보다 더 다루기 쉬운 질병은 없다. 이는 이성이 아주 옛날부터 이 병을 치료하고 기정 진리들을 설립하고 보다 잘 통제하기 위해 그것들을 끊임없이 재고찰하는 일에 익숙하기 때문이다. 이성은 오류를 범하지 않는 것이 되고자 할 생각은 추호도 없다. 이성보다 더 겸손한 것은 없으며 이성은 자신의 불충분함, 자신의 무능력 그리고 자신의 파산을 인정할 준비가 돼있다. 그러나 어리석음에 대해서는 어떻게 치료할까? 어리석음의 공격은 결정적으로 상궤를 벗어난 것이다. 이성은 판단자이며 당사자이기 때문에 그리고 신은 아마도 자신의 공격을—이성적으로, 합당하게—수행할 수 없기 때문에 비판은 무력하다. 공정한 심판자는 이성의 법정 또는 신의 법정 중 어떤 법정에 호소하는가? 해결할 방법이 없다.

　게다가 그 문제를 진지하게 취해야만 하는가? [· · · · · ·?] 그것의 무의미가 발생한다는 주장을 너무나 명예롭게 하는 것이 아닌가? 대낮을 "밤이다"라고 말하는 자에게 빛은 정당화의 의무가 있는가? 이것은 의심스러운 그릇된 의식을 드러내는 것이 아닌가. 변명한다는 것은 죄를 인정하는 것이다. 이성은 빛이며, 그 기능은 인식하고 사물에 의미를 부여하는 것이다. 진리, 의미, 명료성, 자기 의식 말고 다른 관심을 품지 않음에도 불구하고, 어떻게 이성은 배반하지 않고, 자신의 어리석음을 받아들일 수 있고, 무의미를 감수할 수 있으며, 불합리한 일에 관여할 수 있을까. 이것은 그의 가장 내밀한 소명이 만난을 무릅쓰고 지키라고 그에게 명령한 바로 그 현장에서 퇴각하는 것이다.

　그의 진리에 대한 무조건적 헌신은 그의 반항의 정수이다. 포기는 자살이요, 자신의 소명에 대한 명백한 부인이다. 포기는 솔직히 불가능하다. 파스칼은 명백히 틀렸다. 이성의 부인은 이성에 일치하지 않는다. 그러므로 이 불합리한 공격을 멸시와 무시로 대하자. 이것은 악몽일 뿐이다. 어리석음을 너무 응시하면, 그것에 홀리며 굴복당할 위험이 있기 때문에 이 환상을 추방하자.

　[이것은] 반항의 유혹이요, 이성적 절대주의의 유혹이다. 이성은 자기 자신, 자신의 본질에 의지하고 싶어한다. 이성은 자신의 법칙, 기준, 간단히 말하면, 그의 작업의 바로 그 조건인 모든 것을 가지고 있을 것이다. 그것을 함부로 건드리는 것은 본질적인 것에 무기력하게 굴복하는 것이요, 불순종하는 것이다. 가장 본질적인 법칙을 이루는 것, "자율성" 특히 신성 불가침의 절대자, 곧 그것들이 없이는 더는 이성이 아니라고 말할 수 있는 것을 함부로 건드릴 때, 이성은 결국 이와 같이 경험에 의해서 이

의 제기되는 것을 강력하게 거부하는 경험보다 위에 있는 심급(審級)[8]으로 자신을 놓고 싶어한다.

그러나 이성에 복종하기 위해 정말로 경험을 무시할 수 있는가? 아니면 경험을 근본적으로 변형시킬 수 있는가? 이것이 바로 이성에게 요구된 것인가? 장애물 앞에서 뻣뻣해지는 허울뿐인 힘 또는 용기 아래에서 몹시 충격적인 경험을 설명하거나 적어도 참조하는 것인 이성의 가장 깊은 소명을 배반하는 수법이 아닌가? 이성은 망설이고 있다.

5. 포기의 유혹

그러나 이성은 이미 다른 극단으로 향하고 자신에게 발생한 해결할 수 없는 상황 앞에서 공격받고 있는 이 어리석음에 대한 실제적인 경험을 한다고 믿는다. 그렇다. 십자가 앞에 그 무능이 확연히 나타난다. 바로 여기에 이성과 아무 관련도 없는 지혜가 있다. 바로 여기에 이성이 꼼짝도 하지 못하는 구원이 있다. 세상의 모든 추론들은 거기에서 아무것도 할 수 없다. 요컨대 완전히 다른 길에 의해 진리, 길, 생명이 인간에게 돌발적으로 생긴다면, 합리성의 엄청난 노력과 진리에 대한 열정적이고 집요하며 의식적인 탐구가 무슨 소용이 있겠는가. 명백함에 굴복하지 않는 것은 미친 짓임에 틀림없다.

"이성이 설사 아무리 소리를 지를지라도, 이성은 사물에 값을 매길

---

8) [역주] 심급(instance)은 원래 법률용어로 동일한 사건을 반복적으로 심판하는 각각 급이 다른 법원 사이의 심판 순서나 그 상하의 관계를 나타내는 말이다. 본문에서 테브나즈는 결정이나 심판에 다양한 층위가 있는데, 이성을 최종심급으로 간주하는 것은 이성의 절대주의의 유혹에서 비롯된 것임을 설파한다.

수 없다."(파스칼, 『팡세』, 브룅슈비크 판, n°82). "어리석은 이성아 잠자코 있어라." (『팡세』, n°434 참조)

"이성의 최종적 과정은 이성을 초월하는 것들이 무한히 있다는 것을 인정하는 것이다. 이성이 그것을 인정하는 데까지 나아가지 않는다면, 이성은 연약할 따름이다."(『팡세』, n°267)

이성이 항복하다니! 이성이 아이가 되는데 동의하다니! "지혜는 우리를 유년시절로 보낸다. 어린 아이와 같이 되지 아니하면(Nisi eiifciamini sicut parvuli)"(「마태복음」18,3). (『팡세』, n°271)

"하나님을 아는 것과 하나님을 사랑하는 것 사이에는 얼마나 먼 거리가 놓여 있는가." (『팡세』, n° 280). "이유를 따지지 않고 믿는 것"은 단순한 사람들의 우월성이다. (『팡세』, n° 284 참조)

"이 세상에서 가장 위대한 철학자는 필요 이상으로 큰 무대 위에서……" (『팡세』, n°82)

지적 희생!(Sacrificium intellectus!) 우리가 그리스도를 따르고자 한다면, 모든 것을 타협하지 않고 내려놓아야 하며 롯의 부인처럼 뒤를 돌아보지 않아야 하지 않는가?

이성이 이의 제기되고 그것이 합당하다는 것을 깨닫자마자, 회의주의가 임박한다.

그러나 이성은 합당하게 자신을 부인하고 자신의 어리석음을 받아들일 수 있는가? 이러한 근본적 해결책은 자살이라는 공허하고 헛된 근본성을 지닌다. 포기는 철학적 해결책이 아니며 근본성을 향한 노력에서 이 극단을 향하여 전혀 나아가지 않는 근대 철학은 우리를 다른 것에 익숙하게 했다. 근본적으로 이성을 이의 제기하는 것 속에서, 이성은 정확히 자신의 기획에서 보다 근본적인 근거들을 강화하고 발견할 기회를 찾는 법을 배웠다.

바로 그것에 의해서, 이성은 자살의 유혹과 극단주의의 순진함에 대해 면역이 되었다. 아니다. 이성은 포기하지 않을 것이다! 혹은 적어도 지금은, 너무 이르게 그리고 아무런 이유도 없이, 가장 근본적인 이의 제기가 제공하는 근본화의 가능성을 고갈시키기 전에는 포기하지 않을 것이다.

경험을 받아들이는 것은 완전히 이성의 스타일이 아닌가? 도전에 응하면서 굴복하는 것, 자신의 굴종 속에서 머리를 다시 들어올리는 이유를 찾는 것, 그 도전 속에서 복종의 새로운 방식을 찾는 것이다. 이성의 스타일은 이상하게도 신앙의 스타일과 다시 만나지 않는가?

6. 송두리째 드러난 이성

이 공격을 받아들이는 것은 나에게 전적으로 불가능하다. 그것은 명명백백하다. 하지만! "너의 지혜는 하나님께 미련한 것일 뿐이니"라는 구절은 찌르는 채로 있다. 물론 이 신이 누구인지, 그가 진실로 존재하는지, 그가 진실로 그것을 말했는지, 그리고 그가 그렇게 말했다면, 그 의미가 무엇인지를 이성은 정확하게 알지 못한다. 이성적 방법으로 해결할 수 없는 그 비판은 무관심의 구름 속에서 희미해지는, 해결할 수 없는 문제들에 관한 의문점을 남겨 놓았다. 그러나 그 고발은 망각하기에는 너무나 직접적이고 충격적이다. 이성이 자신의 비판적 노력에도 불구하고, 이러한 측면에서 궁지에 몰려 있기 때문에, 적어도 당분간은 신을 잊자. 그래도 어리석음의 문제는 당신의 마음을 언짢게 한다. 더군다나 불확실한 타인이 보기에 내가 어리석다고 간주된다면, 거기에서 멈추지는 말자. 그러나 적어도 나 자신에 대해 어리석음의 혐의를 깨뜨릴 수 있어야만 한다. 만일 이성이 경우에 따라서 신에게 대답하고자 한다면, 자신의 보증이 완전하다는 것과 이성이 이미 자기 자신에게 대답하는 상태 또는 이 어려움에 대해 대답하는 상태에 있을 것이 요구된다.

그러나 전술한 것처럼, 타인에게 자신이 어리석지 않다는 것을 증명할 수 있는 사람은 아무도 없다. 그가 그 자신에게는 그렇게 할 수 있을까? 그렇지 않다. 이성은 자신 안의 모든 것이 반항하는 이 무분별한 공격에서 자신이 최소한의 근거를 가질 수 있다는 것을 의심하지 않는다. 그러나 이것이 실제적인 어리석음이든 아니든, 있음직한 일이든 아니든, 이성이 이제 제기하는 철학적인 문제는 거기에 있지 않다. 만일 나의 지혜가 어리석지 않다는 것을 나 자신이 증명할 수 없다면, 적어도 내가 그것을 의심치 않고 실제로 어리석다는 것을 즉각 근본적으로 배제해서는 안 된다. [이것은] 어쨌든 이성이 혼자서는 생각하지 못했던 열린, 탈이성적 가능성이다. 하지만 그래도 가능성은 가능성이다. 그러므로 이러한 가능성을 생각하고 이성의 활동을 위해 결과가 무엇인지를 밝힐 수밖에 달리 도리가 없다.

이성은 이미 당황하고 있으며 당연히 이러한 단순한 가능성에 의해서, 표면적으로는 아주 명백한 경우의 이러한 불가능성에 의해서 당황한다. 왜 이성은 스스로 자신의 양식을 입증할 수 없는가?진리의 명증성은 그 자신으로부터 인정받으며 자신의 자격을 산출하며 그것들의 타당성을 오직 자신의 현존에 의해 보증한다. 판단력 또는 양식인 이성이 왜 심지어 자기 자신에게조차도 인정받을 수 없을까? 바로 거기에 현실적인 어려움이 있다. 이러한 있음직하지 않은 그리고 불가능한 가능성이 이성의 모든 활동에서 일종의 현실적인, 너무나 현실적인 가설로 드러난다고 이성은 생각한다. 그것은 이성의 직업적인 의식의 폐부를 찌른다. 이 문제는 검토가 필요하다. 완곡한 방법을 쓸 필요가 없다. 어려움을 두 팔로 얼싸안아야 한다. 가장 당황스러운 것은, 아주 정직하게 말해서, 이성은 이 어리석음의 가능성을 배제할 어떤 이유도 알지 못하며 아주 당연하게 도 더 이상 그것을 인정하지 않을 어떤 이유도 알지 못한다는 것이다. 이 성은 신 앞에서 무장 해제될 뿐만 아니라, 자신에 대해서도 무장 해제된 다. 다행스럽게도 자신의 바로 그 반항에 의해서, 신을 무시하는 것과 이 러한 공격을 멸시하는 것이 가능하지만 이성은 자기 자신에게서 벗어날 수 없다. 그럼에도 이성은 자기 자신에 대한 지배력이 없는 채로 있다. 송 두리째 드러난 측면이 나타난다. 바로 여기에 생전 처음으로 이성이 불가 피하게 노출된 모습이 있다.

[이는] 굴욕적이고 힘든 경험인데, 왜냐하면 그 보증이 있었던 그리 고 여전히 그대로 남아 있는 바로 그곳에서 돌파구가 열리기 때문이다. 이성이 생각했던 최종적인 것은 자신의 양식이 어리석다는 것이 배제되 지 않는다는 것이다.

이상한 상황이다. 이성은 자신이 탈이성의 측면에서 완전히 송두리 째 드러나 있음을 확인한다. 이성은 마치 실제적인, 체험된, 엄격히 진단 된 어리석음에 의해서가 아니라, 제거할 수 없는 어리석음의 가능성에 의 해, 탈이성의 위험에 의해, 경계들과 갑자기 대단히 가깝게 된 먼 곳으로 둘러싸여 있는 것과 같다. 이성 주위에 틈, 곧 가능한 것의 틈이 벌어지는 데, [이는] 이성 부재의 현존, 가능성의 자격으로 이성과 근본적으로 다른 존재의 현존이다.

7. 싸움이 시작된다. 천사와의 투쟁

자신의 어리석음의 가능성을 받아들이는 것은 순수한 어리석음이요, 이것은 자신의 소명에 역행하는 것이며 탈이성에 빠지는 것이다. 어리석음의 공격에 반항하지 않는 것은 이성에게는 지적 희생, 곧 자살이다. 이것은 이유가 없기 때문에 불합리한 자살이다. 이번에는 자신의 어리석음의 가능성을 부인하는 것이 탈이성적이다. 이것은 양식의 완전한 보증이 불가능함을 이성에게 보여주는 경험에 역행하는 것이다. 그런데 이성이 경험에 역행하는 것은 또한 자신의 소명에 역행하는 것이다.

필요하고도 거절이 불가능한 반항이다.

신은 어리석다고 말했다. 이성은 배제되지 않은 어리석음이라고 말한다. 신을 괄호 안에 넣으면서, 이성은 자신에게 외부로부터 난폭하게 제기된 문제를 제거하지 못했다. 이성은 그것을 자신의 문제, 근본적인 철학적인 문제로 삼았다.

이상하고도 예기치 않은 문제이다. 모든 근본화에서처럼, 이성은 무의미의 절벽을 따라간다. 하지만 무엇인가가 이성이 거기에 빠지는 것을 막는다. 인간이 신앙으로 살 수 있다면—이것이 경험의 의미이다.—왜 이성은 그것에 관해 죽어야 하는가? 막연한 소망, 예감된 의미가, 당분간 무시될지라도, 그것을 지탱한다. 그리고 특히 이성을 인간 전체에 재일치시키려는 욕망, 모험이 추구될 만한 가치가 있다는 확신이 그것이다. 다른 어떤 것보다도 더 감당할 수 없는 것은 인간의 총체적 경험과 그 이성 사이의 분리이다.

거기에는 과연 이 당황스러운 공격의 의미를 나타나게 할 방법이 있는가!

제3장_ 철학적 근본 경험

1. 이성의 근본 난점

요컨대 이성은 진실로 문제 앞에 직면해 있는가? 아니다! 왜냐하면 그것
이 어려운 문제일지라도, 심지어 해결할 수 없다고 인정되는 문제일지라
도, 문제라는 것이 이렇게 나타나지는 않기 때문이다. 하나의 문제는 검
증할 수 있는 소여(所與, Given, Gegeben)[9]를 가지며, 그것은 우리에게 탐
구의 어떤 요점으로 제기된다. 그것은 결정할 수 있거나 해결할 수 있으
며, 해결할 수 없다면, 일반적으로 정확하게 그 이유를 알고 있다. 이 경우
보다 더 나은 것은 아무것도 없다. 어려움은 문제로 정식화될 수 없는 데
있다. 소여들이 어디에 있는가? 게다가 어려움은 문제에서 문제로, 문제
에서 해결로 나아가는 방법론적 탐구의 과정에 있는 것이 아니라 갑자기
(ex abrupto), 예기치 않게 솟아났다.

 문제는 더 이상 이성에게 제안되고 부과된, 아마도 자신의 능력을 넘
어서는 과제가 아니다. 문제는 내 앞에 던져져 있는 것(pro-blème)이 아니

---

9) [역주] 인식 과정에서 사고 이전에 대상이 감각기관을 통해 비춰진 것. 칸트는 인식은 소여에
　대한 것이며 물자체는 인식할 수 없다고 한 반면, 마르크스는 소여의 대상은 실천을 통해 인식
　할 수 있다고 한다.

다. 신은 이성에게 아무것도 요구하지 않는다. 본래의 뜻으로 난점, 곧 갈 피를 잡지 못하는 궁지(ά-πορία)에 갑자기 빠진 것은 바로 이성이다. 막 다른 길에 들어간 것은 아니기 때문에, 이성은 출구를 찾고, 지도나 나침 반을 참조하며 자신을 궁지에서 구해내도록 도움을 호소한다. 궁지는 내 면적이며, 언뜻 보기에 풀어지지 않는 매듭이다. 이성이 제기하도록 이끌 린 그 "질문"이 자기 자신 말고 다른 어떤 사람에게도 말한 것이 아니며 이성이 자기 자신이 아닌 어떤 사람으로부터도 "대답"을 기다릴 수 없기 때문에 문제는 없다.

이성은 그 어떤 소리도 듣지 않는다. 자신이 어리석다는 주장에 대해 귀가 따갑도록 들었을지라도, 이성은 영향을 받지 않을 것이다. 이성은 그렇게 할 어떠한 이유도 없다. 그래서 이성은 다른 사람에게도 신에게도 아무것도 요구하지 않으며, 내세워진 증거조차도 오직 자신의 고유한 법 정에서 그 증거가 이성이 자신에게 부여한 대답이 될 때만 증거가 될 뿐 임을 안다.

자기 자신에게 제기한 질문으로부터 이성이 어떠한 대답도 기대할 수 없기 때문에 그 난점은 근본적이다. 따라서 이것은 거의 문제가 아니 다. 궁지는 치료할 수 없는 것으로 보인다. 방법에 의해, 곧 길에 의해, 일 정한 기술(사람들이 이미 사용하고 있거나 또는 만들어야 할)에 의해 접근 될 수 있는 문제다. 그러나 근본 난점이라는 것은 정확히 길, 방법, 기술적 "요령"의 부재를 뜻한다.

이성의 절차에서 보증은 무엇보다도 기술적 지배권, 곧 장소, 길의 인식, 이성이 사용하는 방법의 풍부한 장치에 의존한다. 그러나 외적인 문제를 위해 예비된 이 모든 장치는 그것이 이제 논의되고 있는 내적 궁 지로부터 이성을 빼어내는 데에는 아무 쓸모가 없다.

게다가 이성이 갑자기 상실한 것은 보다 심층적이고 보다 내면적인 보증이다. [이는] 가장 심층적인 보존의 본능 속에 용해된 우리 존재의 바로 그 원천에서 우리가 파산하는 것을 막고, 우리로 하여금 삶의 외적인 어려움에 대처하게 하는 보증에 견줄 만한 사활이 걸린, 내밀한 보증이다. 이러한 보증이 흔들리고, 심연이 열리기라도 한다면, 자살의 유혹이 나타난다. 이성은 있을 수 있는 자신의 불가능한 어리석음의 경험 속에서 동일한 심연을 스친다. 이성이 빼앗긴 것은 자기 자신과의 일치와 같은 것이다. 이성이 빼앗긴 것은 먼저 외부 세계와 실재의 일치가 아니라, 내적 일치다. 그것은 능력이나 다양한 경향의 조화가 아니라 우리가 계속해서 존재하는 것, 말하자면 우리의 근본 존재 속에 뿌리를 내리는 것이다. 이 파산한 보증의 본성을 밝히기 위해서, 그것을 실재와의 일치(심리학자들의 실재적인 것의 의미)에 대립시킬 수 있다. 비록 세계와 우리 사이에 항상 즉각적으로 지각될 수 있는 것은 아니지만, 실재적인 것과의 일치는 가능한 진리의, 자연적 분절의 보증이다. 만일 이러한 일치가 흔들린다면, 우리는 우리의 보증, 하지만 단지 진리의 보증만을 상실한다. 가능한 오류에 대한 방어의 반작용인 의심의 반작용을 연달아 일으키면서, 오류의 스펙트럼이 분출한다. 그러나 의심 그 자체와 특히 지식인의 의심, 곧 방법적 의심은 이성의 자기 자신에 대한 흔들림 없는 사활이 걸린 보증의 증거이다. 정확히 이 의심이 방법적이기 때문에 보증이 있다. 그 의심으로부터 나가기 위한 출구, 길이 있으며, 비록 이성이 그 오류를 제거할 수 없을지라도, 이러한 외적인 궁지는 이성의 견고한 기초를 허물지 못한다.

이성의 근본적인 난점은 오히려 보다 친숙한 층, 곧 실재와의 일치가 자기 자신과의 일치 속에 뒤얽힌 곳에서 존재에 도달하는 현실감 상실의 느낌에 견줄 만하다.

흔들린 이 보증은 전혀 의심에 이르게 하지 않는다. 데카르트의 경험으로부터 현재의 경험을 근본적으로 구별하는 것이 바로 이것이다. 게다가 무슨 의심할 이유가 있는가? 이성은 자신의 과제에서 과오를 범했다고 비난을 받지 않았다. 이성은 전혀 오류의 용의자로 지목당하지 않았다. 이성은 자신의 한계를 넘어섰다고 더 이상 비난받지 않는다(우리는 그 문제로 되돌아가야 할 것이다). 이성이 빼앗긴 것은 진리에 대한 자신의 보증이 아니다. 그 명증성과 이성적 진리들의 세계는 이전과 똑같이 명백하고, 이성적이며 참인 그대로 온전히 남아 있다. 데카르트처럼 이성은 감각의 오류, 곧 자신의 주의를 속이는 기술적 파산의 경험을 하지 않았다. 어리석음의 가능성에 직면하여, 이성은 이와 정반대로 무지의 경험이긴 하지만 자기의 근본 무지인 몹시 특이한 무지의 경험을 한다. 이성을 당혹스럽게 하는 것이 바로 여기에 있다. 이성은 자신이 어리석은지 아닌지를 알지 못하고 증명할 수도 없다. 인식의 부재는 오류가 아니며, 그것은 오류를 넘어서고 진리를 회복하게 해주는 것과 같은 기술과 아무런 관계도 없다. 무지의 의식은 어떤 의심도 일으키지 못한다. 이성의 근본적인 난점은 오류에도 데카르트적 의심에도 놓여있지 않다.

*

그러나 무엇보다도 먼저 주목해야 할 것은 그 난점이 근본적이라는 것, 곧 진실로 난점이며 궁지라는 것이다. 상황이 이렇다면 어떻게 해야 할까?

자신의 명증성이 그대로 남아 있다는 것과 자신이 의존하고 있는 존재론적 보증의 힘이 빠지는 것을 볼 때, 이성은 자신이 발견하거나 확립하는 진리들, 법칙들에 대한 자신의 신뢰감을 상실하지 않으며, 상실할 어떤 이유도 없다는 것을 망각하지 말자. 이성은 자살할, 이 어리석음의 평결을 받아들일 이유가 없을 것이다. 따라서 이것은 정말로 터무니없는 일일 것이다. 이성은 자살의 유혹을 인식하지 못한다. 그 유명한 지적 희생은 흥분된 뇌로부터 분출된 환상, 일종의 허수아비 희생(화형)일 뿐이다. 진지하게 지적 희생에 대해 말한다면, 이는 지적(知的)이라는 것이 이미 부재하고, 실재하지 않기 때문이다. 이성은 자신의 어리석음을 확인할 수 없는 것과 마찬가지로 자살할 수도 없다. 이성을 죽인 것은 타자들이며, 이성이 어리석다고 고발한 것은 바로 신이다. 이러한 근본적인 아포리아(aporia)[10] 속에서 이성은 절망적인 발작을 하지 않으며, 자신을 꽉 조이는 벽에다 머리를 비장하게 부서뜨리지도 않을 것이다. 이성이 감금되지 않았다는 적절한 이유 때문이다. 왜냐하면 완전히 어리석다고 고발당하는 이성은 전혀 제정신이 아니라고 느끼지 못하며 외적으로는 무제한적인 자유를 누리기 때문이다. 사실 노출된 또는 회의적인 이성은 목이 조임과 자신이 뛰어넘었다고 생각했던 한계 속으로 들어가 있음을 느끼지 못한다.

그러나 이성은 자신의 난점 속에서 의기소침한 상태로 머물러 있지 않을 것이다. 전술한 것처럼, 그 당혹스러움, 그 곤궁은 이성으로 하여금 자기 무지를 경험하게 한다. 그러나 이것은 방향이 주어진 무지이지, 어떤 탐구도 시작하지 못하는 절대 무지가 아니다. 무언가를 탐구하기 위해서는 이미 그 무엇인가를 알고 있어야만 한다(그것을 완전히 알지 못할 때

---

10) [역주] 해결이 곤란한 문제를 가리키는 말로, 소크라테스는 대화를 하면서 상대가 해결할 수 없는 화제를 통해 자신의 무지(無知)를 자각시켰다.

그것이 탐구되기 때문이다.)고 플라톤은 이미 우리에게 말했다. 주지하다시피, 소크라테스 이래로 무지의 경험은 자기 의식의 예리한 형태이며 탐구의 가장 강력한 자극들 중의 하나다. 아포리아를 절대적 궁지로 의식하는 것은 철학적 이성에게는 모험의 슬픈 종말이 아니라 또 다른 가능성, 해방의 새로운 전개, 새로운 차원의 창구다. 여기에 무언가 하면 헤겔(Georg Wilhelm Friedrich Hegel)이 정신의 특징들 중의 하나로 인정했던 부정의 풍부함이 있다. 아포리아는 아포리아지만, 아포리아의 의식은 의식의 아포리아가 아니고, 그것은 이번에는 의식의 지평 위에서 새로운 모험이 시작되는 것이다. 그리고 (우리는 이 모험 속에서 그것을 따라가려고 시도할 것이다) 자기 의식이 명시될 수 있다. 그것은 무한히 그렇게 될 수 있다. 이러한 의식의 명시는 어떠한 아포리아도 인식하지 못할 것이다.

2. "아주 자연적인 것"과 "양식"의 위기

결국 무슨 일이 발생했는가? 이성은 어떤 이상야릇한 경험을 하고 있는 건가? 왜 이성의 위기인가? 지금 이야기한 모든 것에서 명백히 어떤 것도 그 의미를 갖지 못할 때 어떻게 이성은 이와 같이 분명히 빠져 나올 수 없는 올가미에 걸릴 수 있는가? 어리석음의 역사 …… 왜 상궤를 벗어난 공격에 의해 그것의 본질적 임무들이 포기되는 것인가? 매복한, 광기가 있는 미노타우로스(minotauros)가 그것을 노리고 있는 궁지, 미궁 속에 아무런 실마리도 없이 이와 같이 말려드는 것보다, 문제를 제기하지 않은 문제들, 곧 그것들이 정식화될 때 그 의미를 상실하는 문제들을 제기하는 것이 더 낫지 않을까?

그러나 이 문제들을 제기하기에는 이미 너무 늦다. 근심거리가 던져졌고, 그것은 그 흐름을 따른다. 특히 그것을 원한 것은 바로 이성이다. 물론 정말 무분별한 이러한 상황을 생각해 낸 것은 이성이 아니다. 이성에게 충격이 외부로부터 왔다. 그러나 그것은 즉각적으로 게임 속으로 들어갔고 실제로 비판적인 상황이 아주 신속하게 전개되었다. 그런데 이성은 이와 같이 그 결과가 어떠할지라도, 후퇴하지 않도록 되어 있다. 이성은 되돌아가지도 않고 이 악몽을 망각하지도 않을 것이다. 아니 그것이 게임 속에 들어간 것은 올바른 판단이었다(이것은 자신의 권리를 옹호하고 무분별한 것에 대해 합리적인 것이 승리하게 하는 것이다). 비록 방어가 불가능하다는 것을 이해할지라도, 이러한 이유들은 항상 타당하다. 이성은 전혀 유감스러워하지 않으며, 철저한 항전주의자다.

비록 그 게임이 첫눈에 좀처럼 유쾌하지 않을지라도, 이성은 그 게임에 심지어 열중하기까지 한다. 따라서 그것은 엄밀한 정세 판단을 하려고 시도한다. 그것은 정말로 문제가 제기되었는가? 그렇지 않다! 그것은 위기가 있다는 것과 자신이 매달릴 수 있는, 그리고 그것이 재검토하고 재조사하거나 수정할 수 있는 구체적인 어떤 것도 문제가 되지 않은채 자신의 상황이 갑자기 위태롭게 되었다는 것을 확인한다. 내가 어리석은가 아닌가 하는 이미 제기된 물음은 참 질문이 아니다. 이것은 마치 그 질문의 의미가 텅 비어 있는 것과 같다. 그것은 그 물음에 답할 수 없기 때문에 더 이상 문제가 되지 않는다. 그것은 이성에게는 실제적인 문제가 될 수 없다. 그런데 그것은 오직 그것으로부터만 움직일 수 있는데 이는 모든 것을 일으켰던 것이 유일한 최초의 불만이기 때문이다. 그러나 마치 모든 것이 동요하는 것처럼, 곧 그 "질문"이 옮겨진다. 문제가 옮겨졌다고! 누가 그것을 옮겼는가? 이성적 사슬들을 방임했던 그리고 자신의 시야에 나타난 가능성의 결과들을 끌어내지 않을 수 없었던 이성 자신 말고 다른 어떤 사람도 아니다. 실제로 누가 그것을 시작했는가? 이성은 그 전적인 책임을 인정해야만 한다. 이성이 이러한 상황 속에 들어간 것은 어리석음의 공격을 받아들이지 않았기 때문이다. 이 소동이 시작된 것은 포기하지 않았기 때문이다. 어리석지 않다는 것을 확신했기 때문에, 그리고 그것에 대해 보다 잘 납득하고 싶었기 때문에, 그리고 그렇게 말하기 때문에 무의미한 바람이 불기 시작했다. 의미가 자신의 의미를 상실하기 시작했다……

한 번 더 말하지만, 이성의 중심에서 어떤 일이 발생했는가? 이성은 자신의 아포리아 속에서 눈에 보이지 않는 어떤 점 같은 것이 있다는 것을 자각한다. 이성이 함축적이고 검토되지 않은 일치에 의해 실재에 다시 연결되는 곳이 바로 이 지점이며, 그것은 정확히 이성이 믿을 수 있는 바로 그 지점이다. 사실 그것은 전혀 문제시되지 않은 근거, 곧 함축적 명증성과 모든 자연적 확실성의 토대는 아닐 망정, 이성의 자기 자신과의 일치가 근거하는 지점이다. 존재론적 기초인 실재와의 일치는 정확히 의식의 빛 아래에서 전혀 명시적으로 포착되지 않는, 다른 명시적 인식들에 관해서 항상 간접적으로 어렴풋이 보지만 그런 식으로 간직되지 않는, "그건 자명하다."는 것의 영역으로부터 형성된다.

"아주 자연적인", "그건 자명하다." 이 표현들은 보증과 이의 제기되지 않은 기초가 마치 이성의 바로 그 본성의 일부를 이룬다는 것을 가리킨다. [이는] 이성이 자신에 대해 품고 있는 신뢰의 바로 그 본질이라고 말해도 과언이 아닌 본유적이고 함축적인 명증성이다.

이성에게 의심이 솟아나거나 의심이 이성의 비판적인 능력의 도움을 받을 때마다, 이 비판은 이성의 "본성"과 실재와의 직접적인 일치인 이 내밀한 조화를 근거로 삼으면서 발전될 수 있다. 이성의 기준들과 이성이 사용하고 있는 도구들은 바로 이 토대 위에서 구축된다.

이러한 의미에서 플라톤의 대화 속에서 소크라테스는 로고스와의 일치, 곧 다른 생각들과의 일치이자 존재와의 일치인 자기 자신과의 일치를 겨냥한다. 요컨대 "그건 자명하다."는 것이 함축적으로 근거하고 있는 것은 일종의 로고스의 실체성, 곧 이성의 일종의 의미―본성 또는 합리성―본질이다.

비록 근대 철학에서 이러한 실체성이 점점 더 근본적으로 공격당할지라도, 데카르트의 방법적 의심의 기획과 심지어 칸트의 비판도 도처에서 "자연적" 보증에 입각하고 있다는 것과, 세계의 합리성과 의미는 어쨌든 전혀 의심되지도 않았고, 문제시되지도 않았기 때문에 이성이 그 어려움을 규명해 낼 수 있다는 것 역시 사실이다.

게다가 한 번 더 말하지만, 보다 일반적으로 양식(le bon sens)이라고 일컬어지는 것은 세계의 이러한 실체적 합리성과 그것의 반영 또는 대응하는 것으로서의 이성의 "의미"에 준거할 때만 생각할 수 있을 뿐이다.

그러나 어리석음의 공격 또는 이성의 아포리아는 갑자기 그 "의미"와 "그건 자명하다."는 것의 세계를 드러낸다. 의미가 있고, 물론 합리성도 있지만, 그것은 자명할 수가 없다. 합리성은 "자연적"이지 않다. 사실 정확히 말해서 확립된, 따라서 접근할 수 있는 의미로의 준거가 제거되었기 때문에 궁지에 몰린 것이다. 지금까지 아주 자연적이지만 이성적으로는 정당화되지 않은 명증성이 마침내 밝혀지고 그리고 비판에 예속된다는 점에서 인식의 진보가 실현되었다고 생각하는 데 사람들의 의견이 일치되었다. 그러나 여러 세기 전부터 최초의 경험이 지니고 있는 "아주 자연적인" 것에 반대해 과학이 수립한 이 모든 작업은 이성의 어떤 경험이나 어떤 대담함도 전혀 문제를 제기하도록 이끌지 못할 뿐만 아니라 그런 식으로 나타나게 하도록 이끌지도 못했던, 철저하고 근본적이며 존재론적인 "아주 자연적인"것에 근거하고 있다. 보다 근본적인 "아주 자연적인" 것이 그 기획, 곧 이성의 바로 그 존재를 지탱하기 때문에 자연적 명증성의 근거가 이의 제기될 수 있다.

그러나 바로 여기에서 이제 결정적인 충격에 의해, 이성의 근본 경험은 아주 자연적인 또는 아주 자연적으로 존재론적인 명증성의 이 원초적인 층을 나타나게 한다. 그러나 그것을 의식이나 이성에 나타나게 하는 것은 그것의 자연적인 특징을 이의 제기하는 것이거나 문제와 동떨어져 있는 것이다. 이러한 반성 운동에 의하여, 이성은 의미와 합리성이 있다는 것을 의심하지 않고, 다만 이 의미와 합리성이 자명하지 않으며 자연적이지 않다는 것을 인정할 뿐이다. 자기 무지의 전 영역이 의식으로 흘러 들어간다(왜냐하면 자기 무지의 확장은 이성에게는 그런 식으로 여전히 문제가 되고 있는 아주 자연적인 것의 영역과 정확히 일치하기 때문이다).

"아주 자연적인" 것을 보류한다는 것은 (모든 "그건 자명하다."는 것과 마찬가지로) 이성에게는 노예 상태인 이 함축적인 것에 관하여 명백히 해방되는 것이지만 이것은 특히 의미의 근거 또는 의미와 합리성의 근본적인 의미 작용의 문제를 여는 것이다. 달리 말하면, 이성과 합리성 사이의 관계는 더 이상 자명하지 않다. 이성은 그것에 몰두해야만 한다. 이성은 그것을 문제시해야 하고 스스로 그 문제에 접근해야 한다.

이 자연적 명증성의 층과 의미-본질 또는 본성이 붕괴되는 것은 명증성으로서 또는 의미로서가 아니라 여전히 오직 자연적인 것으로서만이다. 그러나 그것은 이성의 근원적 기초를 이루기 때문에, 이것은 이성이 자기 자신에 의해 그 근거에서 이의 제기되고 있다는 것과 동시에 생전 처음으로 이성은 자신에게 나타나되, 그 근거에서 자기 자신에게 나타나게 되며, 증대된 침투력으로 자기 자신을 의문의 대상으로 삼는다는 것을 말하는 것이다. 우리는 이 질문이 어떤 방향으로 그 돌파구의 방향을 결정할지를 이미 알 수 있다. 이것은 이 질문이 의존하고 있는 이성의 속성, 곧 멘느 드 비랑이 말한 것처럼, 자기 자신에 본유적인 존재의 사실을 이의 제기하는 것이다. 갑자기 이성은 더 이상 본성에 의지할 수 없다. 합리성은 주어지지 않았고, 설립되어야 한다. 의미는 사물들 속에 또는 이성의 본성 속에 새겨져 있는 것이 아니라 새겨야만 한다. 이성은 주어진 것이 아니다. 그것은 그 자체로 주어야만 하는 것이다.

이것은 가장 근본적인 중요성을 띤다. 왜냐하면 이것은 최초로 가능한 어리석음의 공격에 던져진 빛이기 때문이다. 심지어 "어리석음"이라는 바로 그 의미는 "본성"상 이성의 본질 속에 새겨질 수 없다. 이것이 의미를 갖는 경우는 이성에 의해 그 자체로서 인정될 때뿐이다. 그런데 이성은 전혀 합당하게 자기를 어리석다고 여길 수 없다. 만약 이성이 원칙적으로 가능한 어리석음으로부터 자신을 보호하는 데 이르지 못한다면, 이는 다른 점에서 보면 그것의 반대 의견이거나 일종의 반대 투표와 같다. 이성이 그렇게 할 수 있다면, 그것은 정확히 이성이 본성을 지니며 자기 자신에 본유적이라고 말하는 것이다. 다행스럽게도 이성은 그렇게 할 수 없다. 왜냐하면 그것은 어리석음이 결코 이성의 "의미"가 될 수 없다는 것을 모든 "본성들"보다도 더 잘 보증하기 때문이다. 그것은 이미 논란의 여지가 없는 점이며 중요한 점이다.

역으로, 이러한 확인은 물론 그 해결책이 찾아져야 하는 방향을 우리에게 암시한다. 만일 그 어리석음이 가능하다면, 만일 이성이 이러한 측면에 송두리째 드러나 있다면, 이것은 이성이 공격당하는 어리석음의 의미가 그 모든 행동을 보증한다고 생각되는 소위 자연적인 의미의 "어리석음"의 측면에서 찾아야 하기 때문이다.

이와 같이 근본적이고도 극히 중요한 환원이 수행된다. 의미가 문제가 되고, 이성의 근거가 정말로 문제가 된다. 이것은 이성이 이제부터 자신을 다른 눈으로 보아야 한다는 것을 말하는 것이 아닌가? 가능한 어리석음의 공격 하에서 그 본질은 파열했고, 그 본성의 자족은 이 충격을 견디지 못했다.

3. 이성의 자폐성과 자기 무의식

전혀 자기 자신을 알지 못한 채 자기 자신에게 본유적이라는 것은 자아 속에 사로잡혀 있고, 닫힌 우주 속에 갇혀 있다는 것이다. 이것은 현재의 자신의 모습인, 심리학자들이 자폐성이라고 부르는 태도에 고유한 것과 아무런 간격도 없는, 함축적이고 무의식적인 방식으로 그 자신이 존재한다는 것이다. 자폐성은 정의상 그 자신을 모르는데, 이는 자아가 정말로 그 자신 속으로 사라졌고, 외적인 객관적 지시 대상이 없이 주관성 안에 잠겨 있기 때문이다. 그 용어들의 명백한 모순에도 불구하고, 바로 거기에 일종의 자기 소외, 다시 말하면 거기에는 자아-전체, 자아-사물, 자기 의식이 전적으로 부재한 즉자(卽自)가 있다고 말할 수 있고 또 말해져야만 한다.

　만일 우리가 아직 자기의 나(의식들의 상호성과 타인의 충격-경험 덕분에 조금씩 발견하는)를 의식하지 못한 어린아이의 자폐성에 대해 말한다면, 만일 우리가 자기 자신 안에 스스로를 가두고 자기 의식을 상실한 정신병자의 자폐성에 대해 말할 수 있다면, 이와 마찬가지로 이성의 자폐성에 대해 말하는 것도 가능하다.

　사실 이성이 알지 못했던 "그건 자명하다."는 것의 세계와 모든 자연적 명증성의 세계는, 그것이 바로 이성의 실체를 이루기 때문에, 멘느 드 비랑이 말하는 동물적인 삶, 곧 인간이 현실적인 자신의 "변화"에 전적으로 자신을 일치시키는, 분열되지 않은, 의식이 없는 삶과 다소 닮아 있다. 이성이 자신을 정말로 문제로 삼고 자신을 자기 자신 밖으로 내던지는 경험을 만나지 못할 때, 자신의 자연적 명증성에 근거하고 도처에서 발견되는 진정한 타인이 없는 이성은 자기 자신으로 존재하고, 단지 자기 자신으로만 존재할 뿐이라는 단순한 사실에 의해서 주관적이다. 타인이 없다면, 이성은 자기 자신 안에서 소외된다.

그러나 이성의 자폐성에 대해 말한다는 것은 부당하지 않은가?라고 말할 수 있다. 그것은 주관성에 대해 철저하게 싸우며, 상호 주관적 조정을 추구하며, 자신을 문제 삼는 것에 복종할 줄 아는 능력이 아닌가? 이성은 본질상 비판적이며 타인에게 열려 있지 않은가?

　물론 자기 자신을 의식하는 이성의 모든 비판적 활동에서 그것은 사실이다. 그러나 이러한 비판적 활동은 자연적 명증성에 근거하고 있다는 것을 우리는 이미 말했다. 우리가 자폐성에 대해 말할 때, 우리는 함축적인 명증성의 근본적인 층을 언젠가는 의식적이고 따라서 언젠가는 비판에 예속되는 것으로 특징짓고 싶어한다. 이성의 비판적 활동은 자신이 자폐성에 빠져 있음을 확인하게 해준다. 그것은 자폐성을 강화시키는데, 이는 그것이 그렇게 하는 것을 필요로 하기 때문이다. 만일 이성이 그 세계 속에 있고 자신의 비판적 판단에 의해 점진적으로 그 세계와 자신을 동일시하고 또 그것에 동화되는 데 성공한다면, 이것이 가능한 것은 오직 함축적으로 이성이 실재와의 그 내적인 접촉을 확신하고 있기 때문이다. 자신의 비판적 활동에 의해 이성은 자신의 세계, 뉘앙스 그리고 객관적인 것을 열지만, 이성이 그렇게 하는 것은 자신이 허물지 못하고 심지어 강화시키는 자폐성의 토대 위에서다.

갑자기, 충격-경험과 어리석음의 공격에 의해 이성은 자기 자신 밖으로 내던져진다. 갑자기 그 근본적인 자폐성이 이성에게 드러나는데, 이는 그것이 깨어지기 때문이다. 이제 이성은 자신을 보고 자명했던 것을 자각한다. 자폐성은 그 자신 스스로 결코 깨질 수 없다. 이성은 자기 자신에 의해서는 자신의 자폐성으로부터 빠져나갈 아무런 이유도 없다. 가장 예리한 자기 비판의 의식적인 근본화의 어떤 노력도 그것을 허무는데 도달할 수 없다. 자기 비판은 한층 더 자폐성 안에 가둘 뿐이다.

그러나 충격-경험은 환원할 수 없고 동일시할 수 없는 타인의 갑작스러운 출현과 같은 것이다. 이성의 자폐성이 파열하고 새로운 자기 의식이 분출한다. 자기 자신으로부터 나가는 이성은 자신을 다른 눈으로 보고, 시야의 보이지 않는 지점에서 벗어나기 때문에 의식의 수면에 자아의 심층이 나타난다.

자폐성의 붕괴는 그러므로 이성에게는 생전 처음으로 자신의 자폐성의 드러남이다. 이성은 자폐성이 더 이상 존재하지 않을 때라야만 그것을 자각한다. 이것이 바로 자아가 그 자신에 대해 탈중심화되는 이유며, 자아가 더 이상 즉자(即自)가 아니고, 주관성과 자기 의식화에 대항한 투쟁이 새로운 장을 드러내는 이유다. 좀 더 정확히 말하면, 자폐성은 (자기 자신 안에서의) 소외의 형태요, 수많이 자아로 존재하고 또 자아로만 존재했던 자기 회피의 한 형태이기 때문에, 이 탈중심은 의식적 반성과 자아로의 복귀를 허용한다. 깨어진 자폐성은 이성으로 하여금 자아를 자각하게 해준다.

*

이성은 자신의 양식이 이의 제기될 수 있다거나 또는 그렇게 될 수 없다면 반드시 입증되어야만 한다고 생각하지는 않는다. 이성 그 자신에게 감추었던 베일이 벗겨졌다. 에포케, 곧 수축되고 자신을 되찾는 의식의 이 운동은 주요 부분을 무너뜨린다. 곧 자명해서 의식이 놓쳤기 때문에 침투하지 못했던 모든 영역이 갑자기 열리고 드러난다. (미결인 채로 두는 것은) 확실히 의식의 새로운 차원들을 드러내고 계시하고 침투하는 최선의 방법이다.

어리석음의 공격 앞에서 반발하는 의식의 수축이 의미 그 자체를 확장하고 팽창시킨다. 이성이 자신의 사면(斜面)에서 발견한 돌파구는 이제 위협당한 지점에 쏠리고 몰두할 수 있는 확산된 주의를 끈다.

*

깨어진 자폐성의 관점에서 이성의 자족과 자율성의 문제를 다시 짚어봐야 한다. 그것들을 뒤섞는 자폐적 오염의 이 중요한 개념들을 제거하는 것이 관건이다.

자족하는(αύταρχής), 예를 들면 자급자족하려고 했던 스토아 학파의 고대 현인의 야망은 단지 우주의 차원에 존재할 뿐인 딱딱한 껍질에 캡슐을 씌우고 싶은 욕망을 드러내 준다. 그러나 이성의 자폐성을 대우주의 차원으로 확장하면서 소우주의 주관성을 피하지 못한다. 그것이 신성화되고 신격화가 확립된다. 이성의 이러한 신격화는, 우리가 살펴본 것처럼, 단지 설립되지 않고 또 설립될 수도 없는 자폐적 가설인 이성과 우주의 함축적이고 이의 제기되지 않은 일치에 근거할 때만 정당하게 가능하다.

이성의 자율성도 마찬가지다. 그것이 이성의 모든 외적인 소송과 문제 제기를 거부할 때와 이성을 자기 자신 위에 설립하거나 전혀 그것을 설립하고자 하지 않을 때, 그것은 자폐성의 기반을 드러낸다. 한편 그 자율성이 단지 작업 속에서 자신의 입장을 고수해야 하고 외적인 권위의 명령들을 받아들여서는 안 된다는 것만을 표명할 때, 자신의 바로 그 존재이유인 이성의 근본적인 자유(우리가 다시 말해야 할)가 문제가 된다.

*

사람들은 보통 이성의 유일한 적이 오류이며, 그 활동의 유일한 원리도 오류, 곧 기술적 오류인 착시를 제거하는 것이라고 생각한다. 간단히 말하면, 진리의 규범은 이성을 인도하고 선의 규범은 마음과 의지를 인도한다는 것이다.

그러나 착시를 생각해보자. 이성은 그림자를 실재라고 간주하는 플라톤의 죄수의 "시각적" 환상이나 칸트의 초월적인 ("시각적") 환상만큼 관점의 환상을 제거해야만 한다. 항상 문제가 되는 것은 오직 진리뿐이다. 그러나 순수하고 단순한 오류가 시작되고 끝나는 곳, 자아에 대한 일종의 "도덕적" 환상에 동일시해야 하는 내적 태도의 오류가 시작되고 끝나는 곳은 어딘가? 동굴의 환상 또는 초월적 환상을 극복하기 위해서, 플라톤이나 칸트는 지성의 전환과 꼭 마찬가지로 그저 그뿐인 의지의 전환이며, 이러한 전환은 오직 동시에 전체 영혼에 걸쳐서(σύν ὅλη τῇ ψυκῇ)만 이루어지기 때문에, 진리의 회복과 마찬가지의 뉘우침이나 회개(단념)인 메타노이아(μετάνοια, metanoia)에 호소하지 않으면 안 된다. 소크라테스가 소피스트들의 진리론을 공격할 때, 인식론은 어디에서 끝나고 도덕은 어디에서 시작하는가?

이성은 인식의 한 능력 또는 도구인 것처럼 인간에게서 외따로 떼어놓을 수 없다. 이성은 전체적이며, 인간 전체다.

사정이 이러하다면, 이것은 진실이나 실재와의 관계만큼이나 진리 문제에서도 자기 관계가 그만큼 근본적이기 때문이다. 진리 문제에 밀접하게 얽힌 "도덕"에 대해 방금 말한 것을 곧바로 수정하는 것이 필요하다. 여기서 문제가 되는 것은 상위 가치의 결합 또는 진리, 미, 선 등 초월적인 것들의 통합이 아니다. 자기 관계라는 개념은, 여기서 강조하는 것이 필요한 현실적 쟁점을 조명하면서, 인식 기획의 이러한 "도덕화"를 피하게 해주어야만 한다. 자신의 자연적 태도에서 이성은 완전히 탐구하는 중이며 진리와 이성적 지혜를 겨냥하고, 각각의 단계와 각각의 발견에서, 이성은 견고해지고 확증된 것으로 보이며, 획득된 결과에 대한 의식을 갖는다. 이성은 자신을 보다 현명하며 진리에 보다 가깝다고 생각한다. 물론 그것은 대개의 경우 자신의 이상이나 겨냥할 목표로부터 분리시키는 무한한 거리감을 가질 것이며, 겸손하여 기꺼이 이렇게 말할 것이다. 나는 아무것도 아니며, 아는 것은 아무것도 없고, 지혜는 단지 내가 할 수 있고 특히 해야 하는 것에 비하면 보잘것없는 걸음마에 불과할 뿐이다. 이제야 지식에 대한 의식 또는 지혜를 향한 제1보를 내디뎠다는 의식을 가지면서, 나는 "나 자신의 판단에서 현명할" 것이며, "내가 나 자신을 고려한다는 점에서 지적일" 것이다. 지혜에 대한 이러한 함축적 의식은 모든 지혜로운 행위를 수반한다. 합리성에 대한 이러한 함축적인 의식은 모든 이성적 행위, 이성적 진리의 모든 발견을 수반한다. 여기서 함축적인 의식은 아주 자연스럽게 함축적인 양심(물론 아주 겸손하고 솔직하고 순수하게!)이 될 것이다. 지혜가 전혀 지혜롭다는 의식이 아니라면 도대체 무엇이란 말인가! 진리의 정복, 진리를 소유하는 의식인가!

이것은 너무나 자명해서 모든 양심과 마찬가지로 이 의식은 으레 무분별이 뒤따르기 마련이다. 그러나 이성은 오직 자기자신에 의해서만 이 무분별을 극복하고 착시를 수정할 수 있을까? 자신의 활동 중 그 어떤 것도 이성을 그렇게 하도록 이끌지 못한다. 이와 반대로 단지 함축적이지만 자명한 모든 것과 마찬가지로, 견고하게 뿌리를 박은 의식일 뿐인 태도 속에서 만사가 그것을 고무시킨다. 이성이 너무 정상적인 것이 아마도 비정상적일 것이라는 의식에 눈뜨게 하기 위해서는 앞서 강력한 충격이 필요하다. 지혜롭다는 변함없는 의식을 수반하는 모순적인 "지혜"에 직면하여, 이성은 지금까지 무의식적이었다는 것을 자각할 수 있다. 그것은 자신의 지혜를 보다 잘 설립하고 몇몇 환상들을 극복하기 위해 주의와 탐구를 배가할 것이다. 그것은 자신의 지혜 내용을 수정할 것이다. 그것은 자신의 지혜에 대한 태도를 변화시킨 걸까? 전혀 그렇지 않다. 힘겨운 싸움에서 획득한 자신의 새로운 지혜는 그 자신의 소견에는 그만큼 더 큰 지혜일 것이다. 자신이 지혜롭다는 함축적인 의식은 오직 반성의 심화와 더불어서만 발전할 것이다.

아리스토텔레스적이고 스토아 학파적인 또는 에피쿠로스 학파적인 현인에 대해 생각해보고 그가 자신을 신들에 동일시하는 획득된 지혜에 대해 어떤 말로 말하는지 귀 기울여보자. 자신의 지혜에 대한 의식이 파열한다. 그는 "자신의 소견에는 지혜롭다."

그러나 이성이 갑자기 "네 소견에 지혜로운 자가 되지 말라."라는 문장을 듣는다면, 이것은 충격이다. 첫눈에 있을 법하지 않은, 거의 불가지적인 이 말에 충격을 받은 이성은 자신을 위해 자신이 가질 수 있는 의미를 간파하려고 시도한다.

갑자기 모든 자연적 태도는 괄호 안에 넣어진다. 이성은 자신도 모르는 사이에 가지고 있는 또는 적어도 그것에 대한 의식이 그 자신의 소견에는 아주 순전하면서도 동시에 아주 불명료한, 거의 명시되지 않은 함축적인 태도라는 사실을 갑자기 깨닫는다.

마찬가지로 이성이 자신의 충만한 의미를 이해하기도 전에, 이러한 태도는 "환원"된다. 자신의 지혜와 의식 사이에 거리가 삽입된다. 이성의 자기 자신에 대한 태도는 갑자기 "자기 자신이 문제"가 된다. 해명해야 할 것이 있다. 이 자기의 함축적인 (선한) 의식의 환원은 "그건 자명하다."는 것 아래에 자기 무지가 숨겨져 있다는 것을 드러나게 한다. 지혜 의식의 굴곡 속에 모든 무의식과 마찬가지로 무지, 곧 지식과 지혜의 결핍인 지혜의 진정한 조건의 무의식이 숨겨져 있다. 지혜 의식의 환원은 모든 무지의 의식과 마찬가지로 이성에게는 탐구하고 이해하고 명시하라는 강력한 부름인 자기 무지의 의식을 분출하게 한다. 내가 정말로 지혜로운지 알지 못하고, 내가 아는 것을 알지 못한다.

나에게 지혜롭고 이성적이라고 보이는 것이 갑자기 그 합리성이 사라지고 의심 속에 나를 빠뜨린 것은 아니다. 이 지혜는 자신의 가치를 수호하고 이 지식은 자신의 타당성을 수호하지만, 괄호 안에 넣어진 그것들은 나 자신에 대한 나의 태도가 바뀌고 명시되기를 기다린다.

아주 자명했던 자기 관계 속에서 이성은 나 자신의 포로였다. 이성의

"사로잡힌 사유"(고린도 후서10,5)는 "사로잡힌 진리"(로마서1, 18)를 간직한다. 바로 거기에 불의가 있다. 그것은 지나치게 자신을 의인이라고 믿는다(전도서7,16).

그것은 안다고 믿었다. 물론 그것은 실제로 알았다. 그렇다면 그것이 왜 안다고 믿을 권리를 갖지 못하겠는가? 벌레가 과일 속에 있었다. 이성의 자폐성은 여기서 함축적으로 의식적인 태도처럼 자존심이라는 색깔을 띠고 있었다. 자기와 자신의 조건에 대한 어떤 무분별은 이성의 "중심부"로 미끌어져 가서 그것을 갉아먹고 내부적으로 도려내고 왜곡했다. 만일 오류가 진리에 이를 수 있다면, 진리의식은 진리의 바로 그 중심부에 숨겨진 보다 미묘한 오류에 이를 수 있다. 이성은 자신의 무분별 속에서 고립된, 진리 "그 자체"밖에 볼 수 없다. 이러한 진리가 바로 그 중심부에서 이성과 맺고 있는 관계를 유지하는 것 또는 오히려 진리가 자기 관계를 수반하고 있다는 것밖에는 알지 못한다. 그런데 만일 이 자기 관계가 더 이상 명시적이지 않다면, 그것은 변질되고 진리 그 자체를 부패시키는 자가 된다.

4. 의미의 중지, 자폐성의 단절

무엇인가가 자명했는데 이제 더 이상 자명하지 않다. 자폐성이 깨졌다. 이성은, 마치 지혜로운 어린 아이처럼, 자신의 것인 의미의 충만한 세계에서 자유롭게 살았다. 자신의 일상적인 작업 속에서 이성은 끈기 있게 의미에 의미를 덧붙이고 점점 더 분별 있는 세계를 전개시켰다. 이성에게 그것은 자명했는데, 왜냐하면 세계가 의미를 지니며 이성이 이 의미 속에서 자신을 자발적으로(여기에서 그 단어의 제자리가 있다면, 말하자면, 본능적으로 그러한데, 이는 이성이 또한 자신의 본능을 갖기 때문이다.) 인식한 것은 자신이 기획한 바로 그 의미이기 때문이었다. 이성은 이 의미에 대해, 세계 속에 의미가 있다는 사실에 대해, 이성이 의미를 갖는다는 사실에 대해 반성하지 않았다. 왜 이성은 의미의 의미를 찾았는가? 아무것도 이성으로 하여금 그렇게 하도록 부추기지 않았다. 이성은 전혀 무용하고 헛된 질문들에 대한 취미를 갖고 있지 않으며, 질문하는 것을 즐기기 위해 또는 정신의 유희 때문에 질문하고 싶어하지는 않는다. 심지어 질문하기 위해서는 이성을 지녀야만 한다. 그런데 그것은 지금까지 명백히 의미의 의미나 이성이 의미를 갖는지를 자문하는 이성에게는 별 의미가 없었다.

그러나 갑자기 어리석음의 공격이, 이성이 그것으로부터 끌어내지 않으면 안 되는 것으로 보이는 결과들과 함께, 이 모든 것을 변화시킨다. 이성은 어리석음의 논리적 가능성을 생각하면서 자신이 행했던 것을 이제는 이해한다. **이성은 의미**, 곧 세계의 의미, 이성의 의미**를 괄호쳤다**. 그것은 문제가 되지 않았던 것, 자명했던 것을 괄호쳤다. 그러나 의미는 이성의 바로 그 실체이기 때문에, 이성이 괄호친 것은 요컨대 바로 자기 자신이다. 이성이 수행했던 것은 근본적인, 그러니까 인간적인 관점에서 시도될 수 있는 가장 근본적인 에포케이다. 그것이 세계와 이성 자신의 고유한 활동의 의미에 대한 의심을 겪은 것은 아니다. 그것의 발자취가 있음을 우리는 충분히 말했다. 다만 이성은 스스로에게 자신의 양식을 증명할 수 없다.

문제는 전혀 회의주의의 위기도 방법적 회의의 위기도 아니다. 단지 세계의 의미만이 순간적으로 중지되고 단절된다. 생전 처음으로 이성은 자신의 고유한 의미에 관하여 거리를 갖는다. 물론 의미의 중지는 무의미 속으로의, 요컨대 이성이 정확히 변호하고 싶어하는 어리석음이나 불합리 속으로의 수직적이고 결정적인 추락으로 보일 수 있다. 만일 그 중지가 이성 그 자신과 각각 따로따로 고려된다면 ─비록 의미를 부정하는 것도 그것을 이의 제기하는 것도 이성에게는 문제가 되지 않을지라도─ 그렇다. 그러나 이성의 의도는 분명하며, 중요한 것은 바로 그 의도이다. 실재에 대한 판단을 괄호치는 현상학자가 이 실재에 대해 최소한의 의심도 경험하지 못한(따라서 그것을 재발견할 것이다.) 것과 마찬가지로, 여기서도 동일하다. 이성은 그 의미를 의심할 어떠한 이유도 없을뿐더러 양식의 가능한 어떤 증거도 없으며, 자신이 그것을 근본적으로 중지하도록 이끌기 때문이다.

물론 뜻밖의 일이 부과될지라도 그렇다. 이성은 위험을 무릅쓴다. 그것은 무의미와 탈이성의 곁을 스치듯 지나간다. 이것은 마치 이성이 의미를 보다 잘 설립하고 옹호하기 위해 불합리에 익숙해지는 데 동의하는 것과 같다. 의미의 균형을 뒤쫓아, 불안정한 균형이 오는데, 이는 이성이 의미(다시 말하면 임시적으로 괄호친 "충만한" 것)와 무의미의 심연 사이에서 미해결인 채로 두고 있는 비판적인 각(角)이다.

하지만 결코 극화하지는 말자! 이성은 냉정을 지키고 조심성이 있으며 현기증을 인식하지 못한다. 이성은 자기 자신의 주인으로 있고 오히려 내적인 담금질과 같은 경험을 하는데 이는 근본적 에포케의 중지를 수행하는 것이 바로 이성이기 때문이다. 이성은 송두리째 드러나 있다. 타인에 대해서 뿐만 아니라 자기 자신에 대해서도 송두리째 드러나 있다. 에포케는 마치 그것을 단단히 둘러싸고 있고 그 측면을 보호하는 껍질의 찢겨짐과 같다. 이성은 이제 무의미의 측면에서 송두리째 드러난다. 탈이성과 불합리성의 돌파구가 열린다. 어리석음의 바람이 불었다고들 한다. 이성은 무의미에 익숙해지지 않으면 안 된다.

위태로운 사태인데, 이는 이것이 놀라게 하는(θαυμάζειν), 곧 미해결인 채로 있는 의미의 예기치 않은 그리고 상상도 할 수 없는 이 "기적" 앞에 놀라게 하는 상황이기 때문이다. 이성은 의미가 있다는 것에 놀란다. 이것은 이성이 거기에서 의미를 가질 수 없다는 것을 당연하다고 생각한다는 것을 의미한다. 그러나 ―그리고 이것이 바로 모든 현상학적 에포케의 의미이다.―이성은 또한 생전 처음으로 의미가 있다는 것을 깨닫거나 의미가 존재함에 틀림없다거나 존재할 수 있다는 것을 눈치챘다. 하지만 그것을 알기 위해서는 그것이 미해결인 채로 있어야 하며, 무의미가 당신을 스쳐 지나가야 한다. 우리가 갑자기 송두리째 드러나지 않고, 발가벗겨지지 않고, 차가운 바람에 노출되지 않는다면, 우리 육체의 생생하고 본능적이며 함축적인 열을 느낄까? 냉기와 열기 사이의 위급한 떨림, 곧 불안정한 상태에 있는 열의 이 떨림은 우리에게 생생한 열과 그 가치를 드러내 준다. 떨림은 바로 그 열을 정점에까지 밀고 나갈 수 있다.

가능한 어리석음에 대한 반박 불가능으로 인해 거북한 떨림 속에 무의미가 스쳐 지나가면서, 이성은 의미를 보다 잘 볼 것이며 그 의미는 아마도 고양될 것이라고 예측한다. 놀라움은 전혀 형이상학적인 불안을 지니고 있지 않다. 게다가 형이상학적인 현기증이나 불안이 실제로 존재하는지를 자문할 필요가 있다. 무 앞에서 또는 인간이 갑자기 열리는 것을 보는 형이상학적 "가능성들" 앞에서의 이 떨림은 일종의 냉랭한 불안, 발견하고 보는 인간의 내적인 소스라침, 곧 식자가 결정적인 발견의 순간에, 발명이 진행되는 순간에 느끼는 것, 우리에게 세계의 측면을 드러내 주는 예술 작품 앞에서 느끼는 것에 못지 않은, "무한한 공간의 침묵" 앞에서의 불안과 두려움이다. 앞에서 말했듯이, 내적인 담금질과 강화의 느낌이 당신이 빼앗긴 생생한 보증의 느낌보다 더 크다.

하지만, 의미 중지의 근본적인 에포케는 인간을 뒤흔들어서 그를 불안정한 균형 속에서 동요하게 만든다는 것은 명백하다. 그러나 이성은 괄호침이 상실이 아니라는 것을 잘 알기 때문에, 새로운 경험에 비추어 볼때, 보증이 빼앗긴 것으로, 신뢰가 흔들린 것으로, 자신이 아마도 먼저 경험했던 것은 곧 보다 진실된 빛 아래에서 정복된 자유로, 해방으로 드러난다. 의미에 대해 거리를 두면서, 이성은 해방됨을 느낀다. 왜냐하면 그것이 자신에게는 자명한 것, 다시 말하면 그의 본능의 압박보다 더 나쁜 압박일 뿐임을 이성이 알기 때문이다. 모든 것이 자명했다면, 이성은 노예이고, 메마르게 되며, 자기 자신의 환영(幻影)이며 시체였다고 말해도 과언이 아니다. 먼저 의미는 이성의 바로 그 기초, 바로 그 본질이자 그 구성적 본성인 것으로 생각될 수 있다. 에포케는 소위 이 이성-본성을 미결상태로 놔두고 의미를 자유의 방향으로 되돌려 보낸다.

의미는 곧장 주어지는 것이 아니며, 그것은 이성이 주어질 때, 어리석음의 바로 그 불가능성이 주어진다는 것을 의미한다. 아니 **합리성은 자명하지 않고** 어리석음은 배제되지 않는다. 무의미의 가능성은 우리에게 의미의 의미 작용을 선사한다. 즉 그것은 이성의 기획 의미이자 합리적인 것에 대한 새로운 창구다. 배제되지 않은 어리석음의 가능성의 의미에 대해 자문하는 것과 합리성의 의미에 대해 자문하는 것에는 차이가 없다. 이성의 의미는 어리석음의 공격을 통하여 행간이 읽혀질 것이다.

이것은 만일 이성이 자신의 어리석음을 받아들일 수도 없고 또 그것을 거부할 수도 없다면(두 경우에 이성은 자신의 소명에 역행할 것이다.), 이성은 자신의 가능한 어리석음의 의미를 찾으려고 시도할 수 있을 뿐이라는 것을 뜻한다. 따라서 그것이 결국 온 힘을 다하여, 이 어리석음에 저항하게 되지만, 동시에 그 어리석음의 가능성을 온전히 떠맡게 되기도 하는 것으로 보인다. 이성이 다만 부당하게 그것의 대상이 되는 어리석음의 공격을 부정할 수단만을 갖는다는 것은 바로 그 자신의 반항 속에서 이러한 가능성을 떠맡는다는 것이다. 이성의 어리석음은 자신의 자율성과 반항의 측면 전체를 관통한다. 아마도 자신의 저항 그 자체가 어리석은 것이겠지만 탈이성적인 포기보다는 이 분별 있는 어리석음이 더 나을 것이다. 에포케의 중지 속에서 이성은 균형이 잡히는 것 또는 심지어 이 두 운동, 곧 자신의 어리석음의 의미를 발견하는 것과 자신의 의미의 (가능한) 어리석음을 발견하는 것이 일체가 되는 것을 본다. 간단히 말하면, 이성의 저항이 온통 향하고 있는 합리성의 의미는, 자신의 어리석음의 의미 또는 자신의 의미의 어리석음을 넘어서, 오직 이성의 자유로운 행위 속에서만 획득될 수 있을 뿐이다.

이성은 단지 자기 자신을 궁지에 몰아 넣을 때만 그것을 획득할 수 있을 뿐이다. 신에 대한(자신을 어리석다고 고발한 신에 대한) 자신의 반항은 일종의 천사나 신과의 싸움이다. 여기서 "~과"라는 것은 반감과 동시에 공감을 나타내기 때문이다.

. . . .

의미의 중지는 근본적인 에포케다. 사실 그것이 괄호침과 현상학적 환원에 비유된다면, 근본성은 파열한다. 실제로 환원들은 그 의미 작용들을 드러나게 하고 의미를 나타나게 해야 하며, 후설의 초월적 환원은 해석(Sinngebung)의 영역을 열어준다. 그러나 이것은 정확히 후설에게 이성이 진실로 문제가 되지 않았고, 진실로 송두리째 드러나지 않았기 때문이다. 이성은 여기서 자기 자신에 대한 근본적인 "환원"을 경험한다. 이 의미의 환원은 단지 양식에 어긋날 수 있을 뿐인데, 이 양식은 거짓으로부터 진리를 선별하고 "잘 판단하는" 능력인, 아주 천부적으로 혜택을 받은, 데카르트의 양식이 아니라 오히려 평범한 양식, 한걸음 앞으로 나아가기 전에 자신의 영향력을 신중하게 보증하는 비판적 신중함의 양식이며, 마치 균형잡히는 것이 가장 빨리 착석하는 것으로 이루어지는 것처럼 또는 마치 이성의 균형이 본성상 소심하여 모험을 배척하는 것처럼, 그래도 가장 적게 흔들리는 곳인 배의 중앙에 있는 자리를 즉각적으로 겨냥하는 것으로 이루어지는 것처럼, 실제로 이성에 고유한 균형이 정복된 균형이 아니라 단지 안정의 균형일 뿐이라고 믿는, 정확한 척도 내지는 중용의 양식이다. 양식이 이성의 소심함이든 균형을 이루기 위한 수단이 되고자 하는 이성의 의미이든 정확히 이것이 바로 근본적인 에포케가 나타나게 하는 것이다. 양식은 이성의 냉정한 견고성 또는 흔들림 없는 근거에 대한 이 소박하고도 본능적인(그러므로 주관적인) 신뢰의 가시적이고 일상적인 형태다. 만일 이성의 의미가 진실로 자명했다면, 이성은 단지 양식일 뿐이었을 것이다. 따라서 철학적 이성이란 없었을 것이다.

주지하다시피, 이러한 의미의 중지는 불합리에 대해 어떤 영향력도 행사하지 않으며 드물고 공개되지 않은 경험들, 곧 이성의 피안에 대한 마술적인 또는 기적적인 열림들로부터 "모든 의미들의 뒤틀림"을 예상하지 못한다. 이것은 이성이 구박당하고 마침내 "신앙에 자리를 내주기" 위해 조작되는 칸트에서와 같지 않다. 이성은 의미의 중지 속에서 순수하게 이성적인, 분별 있는, 모험을 추구한다.

· ·

5. 근본 철학적 경험과 새로운 자기 의식의 부름

근본성을 향한 발자취 속에서 철학적인 문제 제기는 전복시키는 태도를 취한다. 그것은 여태까지 전혀 문제가 되지 않았던 것을 문제로 삼는다. 그러므로 그것은 무엇보다도 회의주의의 한 형태로 나타난다고 이해되는데, 이는 회의주의가 처음으로 감히 결정적인 중지와 근본적인 문제 제기를 시행하기 때문이다. 근본화하는 철학적인 모든 기획에 직면하여, 먼저 회의주의자들, 곧 데카르트, 버클리(George Berkeley), 칸트, 키에르케고어, 니체 또는 하이데거를 떠올리는 바, 우리가 잠재적인 회의주의 또는 자기 파괴적인 비합리주의에 직면하고 있다고 생각한다. 이러한 과잉 비판 속에서 이의 제기가 아직 문제시되지 않았던 소여들을 문제로 삼으면서 점점 더 멀리 나아가는 것 같다.

실제로 근본적인 문제 제기는 항상 의심하기가 아니라, 오히려 정확한 의미에서 "문제 삼기"이다. 어떠한 질문과도 관계가 없었던 자연적 명증성이 문제가 되고, 문제 속으로 들어간다. 그런데 철학적인 문제 제기의 질문은 본질상 회의적이지 않고 필연적으로 명증성을 파괴하지도 않는다. 단지(하지만 이러한 단순함 속에는 근본화의 결정적인 단계가 있다) 이성의 명증성에 대한 관계가 근본적으로 수정될 뿐이다. 그러나 이러한 단계 속에서, 명증성에 대한 이성의 분리는 너무나 노골적이어서 그 결과 명증성이 비어지게 되거나 붕괴되는 것으로 보인다.

의심하는 것이 아니라 괄호치는 것으로 이루어지는 현상학적 환원과 중지의 방법은 여기서 우리로 하여금 이 난관을 극복하게 하고 회의주의나 비합리주의의 위험을 근본적으로 피하게 해준다.

주지하다시피, 이 방법은 조명하고 나타나게 하는 것을 겨냥하지 현상으로 그리고 가면으로 환원하는 것을 겨냥하지 않는다. 괄호침은 아직까지 논제가 되지 않은 것을 논제화하는 수단이다. 의미의 중지 또는 자폐성의 파괴는 이성의 노력을 무화시키는 결과를 가져온 것이 아니라, 정확히 말해서 이성 그 자신을 자신의 견지에서 논제화하는 결과를 가져온다.

물론 철학이 여러 세기 전부터 주관성, 오류, 환상 그리고 현상에 대해 벌인 집요한 투쟁은 언뜻 보기에 제일 명증성에 대한 투쟁 같은 인상을 준다. 그리고 평범한 사람에게는, 제일 명증성에 대한 이 적대감의 틈을 타서, 세계에 대한 개인적이고 너무나 주관적인 관점을 승리하게 하고 싶어하는 비밀스러운 욕망이 숨겨져 있는 것으로 보일 수 있는데, 이는 만인의 명증성에 대립하는 것은 철학적 이성(거짓된 이성)의 인위적인 세계에서는 현실적인 것으로부터 떨어져 있는 것이기 때문이다.

그러나 모든 질문은 명증성에 대한 투쟁이 어떤 의도로 시작되는지를 아는 것이다. 문제는 이의 제기되지 않은 명증성을 메마르게 하면서 "그건 자명하다."는 것과 싸우고 아직까지 그렇지 못한 것을 이성으로 설립하는 것인가? 따라서 제일 명증성은 가장 견고한 명증성에 자리를 내주기 위해서 제거되었거나(데카르트를 보라), 그렇지 않으면 바로 그 제일 명증성이 확증되고 설립된다. 이러한 의미에서 "명증성"에 대한 투쟁은 명증성의 조건이며 철학은 자신의 진리와 존재 이유 속에서 세계를 점점 더 깊게 포착하기 위한 보다 확실한 길을 알지 못한다.

이와 반대로 문제는, 회의주의자들처럼, 그것이 어떤 것일지라도, 이성적 탐구의 무력함과 헛됨을 뚜렷이 드러나게 하기 위해 명증성에 대해 싸우는 것인가? 문제는 비합리주의자들(셰스토프Shestov, 퐁단느Fondane)처럼, 이성의 지배력을 깨뜨리고, "그건 자명하다."는 것의 배후에서 보다 이성적인, 보다 의식적인 명증성을 발견하는 것을 겨냥하지 않고, 다른 인식의 길, 곧 신앙, 불합리하기 때문에 믿는다는 등으로의 길을 열려고 시도하면서 자신의 진보를 시작하는 것인가?

이러한 회의적이고 비합리적인 이의 제기가 근본적인 것은 오직 자신의 파괴적 의지에 의해서일 뿐이다. 그것은 부정적으로 근본적이다. 비합리주의, 다시 말하면 비-철학에 자신을 전혀 양도하고 싶어하지 않는 철학이 근본적인 문제를 제기하지 않을 수 없음을 깨닫는 것은 다른 의미에서이다. 지금까지 이성을 문제로 삼는 것은 자신의 작업의 타당성, 자신이 도달한 결과들의 가치를 의심하는 것으로, 곧 진리에 대한 어떤 주장들의 타당성을 보다 근본적으로 이의 제기하는 것으로 이루어졌다. 이것은 이성의 가치를 문제로 삼는 것이었다. 회의론자의 의심 또는 지식인의 방법적 의심에서 문제가 되는 것은 항상 의심이었다. 그러나 현재의 경험의 틀에서 이제 이성의 타당성 문제가 아니라, 바로 그의 존재의 문제가 열린다. 문제가 되는 것은 이성적 명증성의 존재론적 지위이다. 명증성을 괄호친다는 것은 이성적 인식의 결과들을 문제로 삼는다는 것이 아니다. 그것은 자신의 질문을 이성 그 자신의 명증성에 입각하기 위해 이 의미론적 명증성을 존속하게 한다. 명증성은 손대지 않은 채 그대로 있고 어떤 심급의 이름으로 그것이 의심될 수 있는지를 사람들은 알지 못한다. 신조차도 어떤 경우에도 이러한 심급을 대표할 수 없다. 가능한 어리석음의 공격 하에서 이성은 그 자신의 견지에서 자신의 바로 그 존재, 곧 자신의 존재론적 지위의 문제를 자신이 열어야만 한다는 것을 자각한다.

참으로 근본적인 이러한 질문은 회의적인 기획 속에도 방법적이고 근본적인 의심의 기획 속에도 새겨져 있지 않다. 그것은[이 질문은] 좀처럼 이러한 생각을 품을 수 없는 이성의 발의권이 아니라 그 답변, 곧 근본적인 경험 그 자체의 충격에 주어야 할 유일한 답변이다.

보다 정확히 말하면, 여기서 질문은 결국 계시적인 괄호침에 힘입은 의식화를 의미한다. 의심하기에서 의식화로는 부정적인 것에서 긍정적인 것으로, 불신에서 신뢰로 나아가는 만큼의 거리가 떨어져 있다. 충격-경험에 의해서 창출된 이성의 위기는 이성의 문제, 곧 결과들의 비판, 이성-심급으로부터 이성-존재로 옮겨 간다.

. . . .

이성 그 자신이 문제가 된다(quaestio mihi factus sum). 근본적인 문제 제기는 이성의 근본적인 경험을 열어 준다. 기독교적인 경험은 결정적인 충격이었다. 그렇지만 그것은 요컨대 이성이 자기 자신으로부터 나갈 기회일 뿐이었다. 이제 근본성의 이 장부 속에 기재되는 것은 바로 철학적 경험이다.

. . . .

철학하라는 부름

"놀라움이 철학의 시작이다"(ἀρκή ψιλοσψίας). 그런데, 우리가 추적하고자 하는 경험의 과정에서, 이성은 놀라움에서 놀라움으로 나아간다. 모든 아포리아는 탐구의 자극제요 가능한 철학의 효소이다. 이것은 "의미가 있다."라는 에포케의 참으로 근본적인 놀라움에 이르기까지 심화되거나 근본화되는 유일한 바로 그 놀라움이라고도 말할 수 있을 것이다.

경험은 추문과 반항으로 시작했다. 폐부가 찔린 철학적 이성은 신 앞에서 합리적으로 자신을 설립하기를 열망했다. 철학적 이성은 모든 자신의 철학적 무기를 갈고 닦아서 즉각적인 반격을 개시하고자 했다. 그리고나서 적이 어떤 무기도 지니고 있지 않다(어떤 증거도 내밀지 않았다.)는 것을 알았기 때문에, 이성은 자신의 칼을 칼집에 다시 꽂고 은밀한 도전의 태도를 취했다. 그 다음 놀라움이 분출하고 신속하게 강해지고 있었다. 이와 같이 예기치 않은 근본성의 경험에 이르기까지 인도된 이성은 점점 더 반성의 새로운 차원들이 열리는 것을 보아왔다. 무의미와 가능한 어리석음의 절반은 유쾌하고 절반은 비극적인 이 환상의 임박은 자극적인 무언가를 가지고 있었다. 이것은 마치 절정의 향기와 충동이 흐르는 활기를 불러일으키는 분위기와 같았다.

게다가 그것이 제아무리 있음직하지 않더라도, 최초의 충격은 반응을 요구할 만큼 충분히 강했다. 자신의 전복된 지평을 갑자기 바라보면서, 이성은 그것을 간파하라는 그리고 어리석음의 불가능한 가능성에 대해 자기 자신에게 설명하라는 거역할 수 없는 요구를 체험한다. 그래도 사태는 심각하여 거기에 멈춰서고 그것에 대해 반성할 만한 가치가 있다. 비록 이성이 자신의 냉정을 잃을 이유가 없을지라도, 이성은 그래도 진정한 의식의 위기를 관통한다.

특히 아주 근본적인 의미의 중지는, 바로 그 불안정성이 그것의 안정화, 공고화를 요구하는 균형을 깨뜨렸다. 경험은 거기에서, 곧 날카로운 모서리에서 멈출 수 없다. 의미를 회복하든지 아니면 그것을 상실해야 한다. 의미를 상실하고 어리석음 속에 잠기는 것은 문제가 되지 않는다. 이것은 자기 자신에 대한 연약성이자 배반이다. 의미를 회복해야만 한다. 게다가 철학적 이성의 바로 그 작업은 의미를 향하여 나아가지 않는가? 또 그것은 세상, 인간, 그의 삶, 마침내 자기 자신에게 그 의미, 곧 점점 더 완전하고, 점점 더 잘 설립된 의미를 부여하는 것을 목적으로 삼지 않는가?

철학적 이성은 자신의 비-어리석음을 정당화하는 것보다 자신의 고유한 의미를 정당화하는 것에 보다 쉽게 이를 수 있는가? 그러나 이것은 결국 다른 쪽 끝에 의해 취해지고, 다른 지평 위에서 다시 취해진 동일한 과정이 아닐까? 아포리아였던 것은 새로운 지평 위에서 열림으로 변한다. 그래서 탐구가 다시 개시되고 철학은 새로운 탐험 속에 던져지거나 적어도 자신의 과정과 방법에서 새로움을 맞는다.

의식의 위기를 말하는 것은 의식화를 뜻하는 것이다. 의미의 에포케에 의해, 이와 같이 진공 속에 자신을 매달아 놓으면서, 이와 같이 자신을 괄호치면서, 이성은 필연적으로 우선 자기 자신을 주시한다. 이성은 놀라지만 특히 자신의 현재의 모습에 대해 놀란다. 바로 그 의미, 이성이 심지어 그것을 주목하지 않았던 그토록 자명했던 이 의미가 놀라운 것이다. 왜 어리석음이라기보다는 오히려 의미인가? 이성은 이와 같이 자기 자신을 다시 취하게끔 운명지워지며 이것은 새로운 지평 위에서 자신을 취해야 하기 때문이다. 이성이 무엇보다도 먼저 요구받는 것은 바로 자기에 대한 새로운 의식이다.

괄호쳐진 것은 바로 이성 자신이기 때문에, 자기 의식의 길 이외의 다른 길은 없다. 환원이 충분히 근본적일 때, 재개시는 오직 뿌리에 의해서만, 명시에 의해서만 마찬가지로 이루어질 수 있다.

그것의 방법은 무엇인가?

제4장_ 명시화의 방법

1. 의식화의 방법

아포리아를 말하는 것은 길의 부재, 따라서 방법의 부재를 말하는 것이다. 만약 지금까지 우리가 의지할 방법이 없다고 주장했다면, 이것은 이성의 근본적인 궁지를 잘 나타나게 하기 위해서였다. 그러나 이제 아포리아의 의식의 명시화라는 새로운 지평 위에서 우리의 경험을 추적하기 위해 아포리아를 그 상태로 내버려 두자. 그런데 모든 과정은 어떤 질서 속에서 그리고 정해진 길을 따라가면서 사물들을 발견하고 드러나게 하기 때문에 (가장 넓은 의미로 볼 때) 방법 없는 철학적 탐구란 없다. 그러므로 의식화의 방법에 대해 말할 권리가 있다. 그러나 언급했던 것처럼, 만일 이성이 문제 앞에 있지 않다면, 또는 지금 이성이 접근하고 있는 명시화의 "문제"가 정확히 그 용어의 통상적인 의미에서의 문제가 아니라면, 방법이라는 용어가 처음에는 미리 정해진 절차의 선결적 도식을 그리고 그 다음에는, 마치 역사적인 방법 또는 계산 방법이 있는 것처럼, 연구된 문제에 적용해야 할 선결적 도식을 가리키지는 않을 것이다. 그것이 규칙도, 기술적인 방법도, 연역적인 사고 과정도 가리키지 않을 것이라는 점은 명백하다.

　　실제로 지금의 경우, 방법의 결정은 원칙적으로 발견과 동시적인 것이다. 연구의 방법은 여기서 방법의 연구와 정확히 일치한다고 말할 수 있다. 우리의 탐험은 여기서 "의식화"만큼이나 "방법화"가 똑같이 문제가 되는 답사해야 할 새로운 영역 속에 우리를 던진다. 게다가 방법론—특히 철학적 방법론—의 가장 신성한 원리들 가운데 하나는 우리의 연구를 차례차례로 적용할 모든 경험의 대상에 완전히 정교하게 된 유일한 선결적 방법을 부과하는 것이 아니라, 이와 반대로, 특수한 대상 또는 경험으로 하여금 자신들의 요구를 제기하고 표명하게 하는 것이며 또 적절한 방법의 발견으로 우리를 인도하는 것이다. 모든 문제에는 그 나름의 방법이 있다. 탐구가 제아무리 적게 나아가고 적게 성취되더라도, 방법이란 자기 자신으로부터 끌어내기 때문에(물론 수정 및 개정과 함께), 정신이 정말로 방법적인 것은 오직 그것이 매번 새로운 길을 발견할 때뿐이다. 실험적 방법은 자신의 결과들 또는 이 방법을 끌어내게 해 주었던 결과들을 가치 있게 해 주는 것과 같은 만큼의 가치가 있다.

철학이, 항상 정신적이며 기술적 실험과 측정으로 접근할 수 있는 대상을 갖는 순간부터, 그 탐구에 항상 똑 같은 방법(예를 들면 논리학은 사유의 법칙들과 규범들을 우리에게 드러나게 한다고 간주되기 때문에 그것이 미리 결정해야만 하는 방법)을 적용할 필요가 있다고 생각하면서 사람들은 방법적인 중대한 실수를 범했다. 사실, 철학자들은 전혀 그렇게 나아가지 않았고, 이것은 이미 그 오류를 반박하는 것만으로도 충분하다.

이러한 조건들 속에서, 그리고 우리의 정해진 대상을 위한 방법은 정확히 규범적인 것을 전혀 갖지 않을 것이다. 그것은 결정적인 순간에 지침으로 사용될 수 있고, 오류를 수정하게 하고, 어떤 원리나 과정의 허위를 단념하게 해 주었던, 달리 말하면, 바로 우리의 탐구 과정에 대한 비판적이고 규제적인 행동을 발휘할 수 있는, 하나의 표준이나 기준과 같지 않을 것이다. 그것 자체가 경험이라는 의미에서, 그것이 경험을 모방함과 동시에 경험을 주조한다는 의미에서, 완전한 의미로 보면, 그것은 오히려 실험적 방법일 것이다. 여기서 방법이 나타나고, 그리고 그것은 탐구의 순서이기 때문에, 이 경우 우리가 취할 수 있었던 과정이나 의식의 명시된 형태만을 나타낼 수 있을 뿐이다. 그것은 우리가 우리의 경험을 따르기 위한 수단이며, 응급 처치 장치와 같다. 그것은 우리를 우리 자신에게 명시하도록 해주고 과정의 단계들을 정식화하도록 해주며, 그 다음에 심지어 우리 자신을 위해서 적어도 가장 멀리까지 밀고 나간 진정한 명시화인 설명의 형태로 그 단계들을 타인을 위해 명시하도록 해주는 것이다. 게다가 방법은 뛰어넘어야 할 장애물 또는 우리를 노리는 유혹들과 함께 그 구조화된 전체성 안에서 우리의 시각에 진행중인 경험을 끊임없이 현존하도록 유지시키면서 일종의 회고적인 경계심을 발휘한다. 방법은 의식일 뿐만 아니라 특히 우리의 경험의 기억, 저장 그리고 정식화이기도 하다. 그러므로 방법은 특수한 경우에 ─아마도 철학 전체에 걸쳐 이러한 지적이 일반화되어야 한다.─ 발견적인 역할보다 교육적인 역할을 더 많이 한다. 이 방법 덕택에 우리는 경험을 회상할 수 있고 타인에게 그것을 전할 수 있으며 이 방법 덕분에 타인은 반성의 단계들을 따라갈 수 있고 재생시킬 수 있기 때문에, 정확히 우리가 그 방법을 교육적인 목발로 사용하여 배우기 때문에, 아주 자연스럽게 그 방법은, 마치 규범이나 지침처럼, 경험과 발견보다 앞서 있는 구조처럼 보인다. 그리하여 우리는 방법이 그것에 의해 경험의 열매를 넘겨주는 철학자에게도 역시 그러했고 생각한다.

따라서 우리의 마음을 점령하고 있는 이성의 아포리아 속에서 방법은 그것을 가능하게 하면서 아포리아 의식의 점진적 확장을 표현할 것이다. 우리의 과정은 처음의 두 성찰들에서 취하고 있는 데카르트의 과정과 상당히 유사한데, 이는 의심의 경험이 그 방식에서 자기 의식과 그것의 점진적인 강화 및 점증하는 명시화의 경험과 마찬가지이기 때문이다. 만일 데카르트의 형이상학적 방법에 대해 말하고자 한다면, 정확히 규칙들, 다시 말하면 구체적 적용이 각각의 경우에(수학에서, 물리학에서, 형이상학에서 등등) 특별한 방법의 정교화를 요구하는 임의의 한 대상을 위해 예정된, 대단히 일반적인 방법인 『방법서설』의 네 가지 규칙들 속에서가 아니라 바로 여기에서 그것을 찾아야만 한다. 교훈적인 것은 바로 이 후자이며, 그것이 바로 철학자가 관심을 가지며 우리가 현재 관심을 갖고 간단히 특징짓고자 하는 것이다.

2. 출발 상황

철학에서 가장 어려운 순간은 바로 시작이다. 잘 알려진 속담이 말하듯이, 시작이 반이기 때문에 그런 것이 아니라, 철학자가 첫걸음에 연루되기 때문에 그런 것이다. 철학자는 처음에는 자신이 정말로 정당하게 관여하고 있는지를 알지 못한다는 예감이 드는데, 이는 정확히 그가 착수하는 탐구가 합당하게 이성에 근거를 둔 관여의 가능성을 자신에게 보증해 주는 것을 본질적인 목적으로 삼기 때문이다. 그렇지만 출발 상황이 아직 아무것도 아니기 때문에, 이미 전부라는 것을 이해하기 위해서는 위대한 철학자들의 과정을 살펴보는 것만으로도 충분하다. 그것을 정말로 근본적으로 이의 제기하기 위해서 출발점으로 되돌아오는, 그것을 정확히 하거나 심화시키기 위한 것이 아닌 다른 목적으로 거기에로 되돌아오는 철학자들은 좀처럼 없다(과연 그런 철학자가 있는가?). 만일 그들이 되돌아온다면, 이것은 모든 것이 "사소한 것일 뿐"이라는 그리고 애초부터(ab ovo) 완전히 다시 취해야 하고, 완전히 다시 시작해야 한다는 느낌과 함께, 그들의 철학이 일찍이 완성되었기 때문이다.

그래서 출발 상황은 여기서 제일 진리나 제일의 확실성을 의미하는 것도(왜냐하면 철학자가 출발 상황에 연루되고 또 그것은 건축물이나 체계의 전체를 위한 열쇠이기 때문이다.), 연역이 매달리고 있는 원리를 의미하는 것도 아니라, 이 용어의 전-철학적인(pré-philosopique) 모든 내포된 의미가 지니고 있는 상황을 의미한다. 반성이 시작되기도 전에, 심지어 방법이 문제가 되기도 전에, 철학자는 세계를 보고, 또 세계를 체험하며, 그는 그것을 일정한 방법으로 제기하며, 자신의 탐구를 요구하고 촉발시키고 설립하는, 따라서 그 탐구의 방향을 정하는 결정적인 경험을 한다.

처음으로 참으로 산다! 하지만 이것은 이미 단순히 사는 것 이상이고, 이미 응시가 있고, 이미 총체적이고도 초보적인 진단과 판단, 곧 베르그송이 말하는 유일한 직관과 같은 어떤 것, 철학자가 이어서 자신의 모든 철학으로 힘을 다해 표현하려고 하는 단순하고도 표현할 수 없는 그 직관, 비록 그것이 플라톤 시대 또는 오늘날 철학적인 문맥에서 완전히 다른 문제들의 분위기 속에서 태어났을지라도, 스피노자(Spinoza, Baruch De)가 스피노자 철학이 되게 한 바로 그 직관이 있다. 통상적으로 철학자는 이 출발 상황에 대해 거의 또는 전혀 말하지 않는다. 그는 처음에는 그것을 기껏해야 그가 뛰어오를 도약판으로 언급한다. 철학자는 그것을 교묘하게 회피하는 경향이 있으며, 이러한 구조가 전-철학적이기 때문에 그리고 이 구조가 너무나 개인적이고 우연적이어서, 중요한 것은 거기에 있는 것이 아니라 오히려 반성 과정 속에 그리고 뒤따라 나오는 기초 공사(이성적 근거들의 탐구)의 노력 속에 있다는 아주 명확한 느낌을 갖기 때문에 이것은 자연스러운 것이다. 게다가 최초의 표면적인 우연성 뒤에 숨은 필연성을 도처에서 발견하고, 가능성의 척도에서 모든 주관성의 자취를 제거하는데, 한 마디로 말하면 철학이 오직 방법의 적용으로부터만 태어난다고 믿게끔 하는데(아주 정직하게 말해서 그는 최초로 속은 사람이다.) 몰두하는 철학자가 이러한 출발 상황이 철학적으로 의미 없다고 생각하는 오해를 하고 있다는 것은 아마도 거의 치명적일 것이다.

그러나 의미의 에포케의 부수적 장점은 우리로 하여금 이러한 출발 상황의 결정적인 중요성을 자각하게 하고 그것이 차후의 반성 속에서 수행하는 지속적인 역할을 이해하게 해주는 데 있다.

이 출발이 정말로 "제로"에서 직선적인 출발로 이루어진다고 생각해서는 안 된다. 출발 상황은 이미 단지 상황의 총체적이고도 초보적인 인식일 뿐이다. 어떤 예비적인 것이 있은 후에만, 곧 아직 잘 확립되지는 않았지만 어떤 뚜렷한 점들과 탐구의 흔적들, 문제의 윤곽들이 이미 그려지고 있는 그 순간에만, 출발 상황이 있는 것이다. 출발할 수 있기 위해서는, 이미 무언가를 보아야만 하고, 무언가를 (아직 알지 못했다면) 인식해야만 한다. 사람들이 알지 못하는 것을 이해할 만큼 충분히 이해하지 못했고 사람들이 알고 있는 것을 알 만큼 아직 충분히 이해하지 못한 현저하게 불안정한 이 지점에 도달해야만 한다. 출발 상황을 인식한다는 것은 앞서 제기되지 않은 문제가 부과되고 있다는 것을 아직은 불명료하게 체험하는 것이며, 이것은 탐구의 요구를 느끼는 것이다. 간단히 말하면, 이것은 플라톤이 무지와 지식 사이를 아주 잘 조명했던 (전-철학적이라기보다는 오히려) 정확히 지혜-사랑이라는 상황 속에 있는 것이다. 이것은 놀라움의 결정적인 순간이긴 하지만, 이미 충분히 의식적인 놀라움의 순간이어서 단순한 감정적인 파토스와는 다른 것이 되며, 발견될 것(왜냐하면

"상황"이 문제가 되기 때문이다.)에 대한 인식 또는 통찰력의 맹아가 된다.

그러므로 이러한 인식에는 이미 판단이 있다. 그러나 (그것은) 정확히 "정찰하고 있는" 어떤 사자(使者)가 그 기획이 불합리하지 않고 필요불가결하며, 의미를 지닌다는 것을 증명할 수 있을 만큼 충분히 설립되고 보증되지만, 이미 명시적이고, 완전히 확신하며, 특히 전달될 수 있을 만큼 충분히 설립되지 않은 초보적인 판단을 형성할 수 있다는 의미에서이다.

이것은 출발점에서 철학자가 뒤이어 검증을 요구하는 가설을 표명했다는 것을 의미하는가? 철학 그리고 특히 형이상학은 몹시 인간 정신의 가설들의 영역으로 간주되는 경향이 있는데, 그것들 중 일부는 검증되고 과학적 인식의 영역 속으로 들어가고, 다른 일부는 인간 정신의 대담성이나 무모함, 곧 기존 인식의 탐구나 종합이라는 모험의 정점을 나타내는 대치석(pierres d'attente)[11]처럼 남아 있다. 여기서 가설이라는 단어가 적합하다고는 생각하지 않는다. 이 용어가 인식의 끈기 있는 기획 속에서 다소 근거가 없는 어떤 것, 기본적인 신중함과 가능한 검증 및 객관성의 엄격한 한계들을 뛰어넘고 싶어하는 정신의 게임을 뜻할 수밖에 없기 때문이다. 사실 문제가 되는 것은 오히려 일종의 경험이며, 처음으로 참으로 산다는 것에 아주 가까운, 자기 자신에 불투명한 근원적 경험이다. 우리는 인식의 기획의 다른 쪽 끝, 곧 전반성적인 것과 "근원적 선택"의 측면에 있다.

이와 같이 출발 상황의 지점과 그 중요성을 윤곽 지으려고 시도하면서, 자연적 우연성을 충분히 강조한다. 그러나 이 우연성은 경험의 주관적인 무근거의 표시라기보다는 오히려 근거의 요청과 필연성을 호소하

---

11) [역주] 옆 건물의 신축에 대비하여 돌출된 형태로 남겨둔 모서리돌.

는 신호다. 이 우연성은 경험의 주어진, 본질적인 특징이 아니다. 이것은 필연성의 결핍, 긴급하게 채워질 것을 요구하는 진공의 경험이다. 그 점에서 이 우연성은 필연적 근거와 전혀 양립하지 않는 것은 아니다. 여기서 아직 명시되지 않은 맹아적 필연성에 대해 말할 수 있을 것이다. 라이프니츠(Gottfried Wilhelm von Leibniz)의 지각은 여전히 혼합된 통각인 것과 마찬가지로, 우연성은 여기서 이성적 필연성으로, 필연성의 의식으로 전개되어야 할 무한히 작은, 여전히 모호한 필연성이다. 게다가 출발 상황이 철학자에 의해 다시 문제가 제기되기보다 오히려 확증되고 정당화되는 경향이 있는 이유가 바로 여기에 있다.

그러므로 출발 상황은 철학자가 자신이 일에 착수할 준비가 되어 있다는 것을 인정하는 순간이요, 그가 여전히 불안정한 경험의 공고화 또는 여전히 맹아적인 의식의 확장으로 나아가는 순간이다. 그러므로 출발 상황은 본질적으로 문제 상황, "내가 의문스러운, 문제가 있는"이라고 이해하는 상황이다. 이것은 한편으로는 경험의, 다른 한편으로는 철학의 "문제 제기"의 순간이다. 한편으로 형상화되기 시작하는 문제, 곧 자기 자신을 자각하기 시작하는 질문이라는 의미와 다른 한편으로 정당화되는 거북함, 초조, 호소 또는 요구를 야기시키는 체험된 경험이나 철학의 이의 제기 또는 괄호침이라는 의미의 이중적인 의미에서의 문제 제기다. 왜냐하면 이러한 출발 상황이 정당화되지 않는 한, 그것은 본질적으로 이의 제기되고 위협당하기 때문이다. 이 출발 상황이 문제가 되고 있는데, 이는 아직 정당화되지 않았다는 것이 의식되며 또 그러한 사실이 안타깝기 때문이다. 출발 상황이 아직 정당화되지 않았다는 것이 비정상적인 일이라고 간주된다면, 이러한 출발의 경험이 자신의 우연성을 보다 눈에 띄게 할 뿐인 불가피한 "필연성"과 함께 우리에게 필요불가결하다는 것은 얼마나 비정상적인 일일까.

역설적으로 우리가 이러저러한 확실성과 불확실성을 동시에 체험했던 이성의 보증이 그 흔들림과 심층적인 문제 제기의 느낌, 그리고 함께 나란히 나아가는 철학적 과정 속에는 아마도 어떤 계기도 없을 것이다. 무언가가 이해되었기 때문에 보증이 있고, 충분히 이해되지 못했기 때문에 흔들림과 놀라움이 있는 것이다.

이 점은 대단히 중요한데, 우리가 출발한 근본적인 아포리아의 중심에서 어떻게 이성이 믿는 자와 신학자에게 의심받을 보증을 보존할 수 있는가를 이해하게 해줄 것이기 때문이다. 철학적 보증은 자기기만으로 보이지만, 반면에 그것은 신적인 지혜자의 평정(이 문제를 다시 다룰 것이다.)이 아니라, 항상 자신의 탐구를 시작하는 철학자의 이 불확실한 보증인 것으로 보일 것이다. 비록 이러한 상황이, 여기서도 마찬가지로, 이성이 자신의 가장 긴요한 보증을 빼앗긴 상황일지라도, 보증은 상황 의식에 의존한다. 파스칼에게 인간은 비참한데 자신이 비참하다는 것을 안다는 점에서 위대한 것과 꼭 마찬가지로, 철학자도 욕구 불만을 느꼈던 "그건 자명하다."는 것의 보증을 의식한다는 점에서 보증된다.

3. 자기 함축적 의식

방법에 대해 말하면서, 우리는 이성이 조금씩 탐구의 새로운 차원이 열리는 것을 보는 의식화의 점진적인 노선을 추적하였다. 게다가 우리는 출발 상황에 대해 자아의 맹아적 의식의 실재를 방금 살펴보았다.

선행하는 일반적인 설명에 따라, 출발 상황 속에서의 최초의 자기 의식의 분출을 보여주는 것이 중요하다. 우리는 함축적 의식과 맹아적 의식을 구별하게 되었다.

*

함축적 의식

우리는 인식의 비판적 또는 심리학적 분석(분열)에 의해 인식형이상학적
으로 그것[함축적 의식]을 논제화하면서 끌어내는 것이지 의식화에 의해
서, 곧 그것을 자연스럽게 의식으로 체험하면서(비록 우리가 경험에 근거
할지라도) 끌어내는 것이 아니다.

다음으로 어떻게 맹아적이고 명시적인 의식으로 이행하는가? 분열에 의
해서인가? 아니면 에포케와 지향성의 전환에 의해서인가?

　　논제화에 의해서인가? 문제는, 현상학자들이 원하는 것처럼, 의식을
통해 세계를 체험하는 것이라기보다 의식을 체험하는 것이다(그러나 사
람들은 의식에 몰입하는가? 이번에는 그것을 환원해야 하는가?).

　　만일 함축적이지 않은 모든 것이 지향적이라면, 환원은 지향성을 전
환하는 데 사용될 뿐이며, 따라서 그 원천에 접근하지 못한 채, 지속적인
교차요, 한 지향성의 다른 지향성으로의 도약이다.

*

이제 어리석음에 대한 공격의 결과로 이성의 자기 의식이 어떻게 분출할
수 있는가를 구체적으로 살펴보자.

　　세계에 대한 모든 이성적 인식 속에서 이성에 의한 결과의 포착이 이

성의 함축적 자기 의식을 수반한다는 것은 전혀 의심되지 않으며, 그것은 이 결과들의 합리성의 의식 속에 이미 간단하게 나타난다. 2+2=4라는 사유 대상의 의식 속에는 함축적 의식이 있다. "나는 이성이다." 또는 "나는 이성으로 작용한다." 또는 "이성은 실재에 일치한다." 또는 이성의 자기 의식의 모든 다른 표현이 그것이다. 그러나 그것은 함축적으로 있으며 특히 이성적 작업 그 자체에 무익하다. 이것은 마치 멜로디의 기초를 이루는 소리 없는 반주와 같다. 반성으로 이 은밀하고도 거의 감지되지 않는 이 반주가 없이는 멜로디가 있을 수 없다는 것을 깨닫게 된다. 그럼에도 불구하고 이성은 단지 멜로디만을 들을 뿐이며 이 멜로디를 휘파람으로 불어보라고, 곧 자신의 작업을 설명해 보라고 요청받을 때, 반주자의 소리는 사라지고 이 화음의 차원은 소멸한다. 오직 인식의 이론가, 이성의 음악가만이 이 필수적인 구조를 끌어내고 약음기 소리를 듣고 그것과 멜로디 사이의 관계를 설명할 것이다. 그러나 이것은 그가 이성과 그것의 구조 및 기능을 분석하기 때문이다. 따라서 이성의 함축적 의식은 모든 다른 것과 마찬가지로 기술(記述)에 예속된 연구의 명시적인 논제가 된다. 그래서 함축적 의식은 우리에게 현존하는 것으로 드러나지만, 그것은 함축적인 것으로 드러나며 그 자체로써 드러난 존재의 사실은 그것을 명시적 의식으로 변화시키는 데 당연히 충분치 않다. 단지 함축적 의식이 있다는 것이 이제 명시적으로 이해될 뿐이다. 그러나 그것을 이해하는 것은 다른 의식이기 때문에, 함축적 의식은 "움직이지 않았고", 그렇다고 해서 그것이 명시되었다고는 할 수 없다.

그러나 이성은 이러한 폭로를 이해하고 이 폭로가 이성과 긴밀하게 관련되어 있으므로 그것에 관심을 갖는다. 이성은 자신의 이미지를 자신에게 되돌려 보내고 자신에게 자신의 얼굴을 드러나게 하는 거울을 발견하게 되어 기뻐한다. 마찬가지로 내가 어떤 풍경을 바라볼 때, 나는 눈이나 얼굴을 갖고 있다는, 눈에 보인다는 함축적 의식을 갖지만, 나는 나를 보지 못한다. 만일 나를 쳐다보는 또는 나에게 거울을 내미는 타인이 갑자기 나타난다면, 내가 명상에 몰두하고 있는 동안, 그는 나에게 내 눈의 움직임, 내 얼굴의 몸짓을 설명할 것이고 알게 할 것이다. 다른 의식 또는 나의 거울 덕분에, 상대방 덕분에, 나는 내 목을 발견할 수 있고 눈을 볼 수 있다. 그러나 눈을 보거나 모든 시선 속에서 보고 있는 나의 함축적 의식을 내가 갖는다는 것을 아는 것은 나의 함축적 의식을 명시하는 것이 아니며, 이것은 분열에 의해서, 내가 함축적 의식을 갖는다는 것을 명시적으로 이해하는 것인데, 이는 그것과는 완전히 다른 것이다.

이와 같이 만일 이성이 함축적인 자기 의식을 논제화한다면, 이성은 그것을 함축적인 것으로 논제화하는 것일 뿐 그것을 명시하는 것이 아니다. 만일 이성이 그것을 명시한다고 생각된다면, 이것은 은밀하게 그리고 무의식적으로 "오! 이게 나의 눈이야."라고 말하면서, 한편으로 자신의 함축적 의식에 대한 명시적 의식(따라서 두 개의 의식이 있다.)과 다른 한편으로 함축적 의식 그 자체를 이성 안에서 동일시하는 것은 이성의 착시에 의해서이기 때문이다. 요컨대 명백히 이것이 바로 그 이성이다. 그러나 거울을 조작하자마자, 사람들은 회복할 수 없을 정도로 분열 속에 자리잡으며 그것을 잘 의식한 채로 있어야 한다. 그리하여 분열 속에 자리를 잡으면서 사람들은 불가피하게 우리의 심상을 무한자에게 되돌려 보내는 거울 게임 속에(마치 시장 게임의 "크리스탈 궁전" 속에서처럼) 자리를 잡는다. 그래서 이 무한히 눈부신 빛 속에서 우리는 마침내 보는 자와 보이는 것, 명시적인 것과 함축적인 것을 뒤섞으며 우리가 안심하기 위해 이따금 반복하면서 이 복잡한 혼합의 난제를 비상 수단으로 해결한다.

"그러나 물론 이것은 항상 나이며, 나일 뿐이고, 나는 단 하나의 유일한 의식일 뿐이다."

그러나 분열은 회복될 수 없는 것이 아니며 의식을 분열시키지 않고 함축적인 것에서 명시적인 것으로 이행하는 것이 가능하다. 현상학자들, 특히 후설과 사르트르(Jean Paul Sartre)는 함축적인 것에서 명시적인 것으로의 모든 이행은 일종의 전환 또는 적어도 환원 또는 절연(Ausschaltung)을 필요로 한다는 것을 잘 알고 있었다. 만일 함축적 의식이 대상의 지향적(그러므로 명시적) 의식의 수반물로써 주어진다면, 오직 대상 의식을 절연시킴으로써만 함축적 의식을 명시하는 것이 가능하다. 이로부터 의식은 함축적으로 있는 것을 겨냥하면서 그것을 드러내고, 잠재적인 것에서 분명한 것으로 이행하게 하는 것이 가능하다.

그러나 현상학자들이 잘못 생각한 경우라면, 이것은 그들이 이 명시가 단지 대상의 위치적인, 그러므로 지향적인 의식으로의 변화일 뿐이라고 생각할 때이며, 이것은 결국 순수하게 그리고 단순히 함축적인 주체이지만, 겨냥된 존재의 사실로부터 동시에 명시적인 대상이 될 새로운 대상을 향해 적용된 대상의 지향성 전환을 수행하는 것이 된다.

이것이 정말로 사실이라면, 당연히 오직 분열된 명시적인 의식만이 있을 뿐이다. 그러나 사실이 반드시 그런 것은 아니다. 사실 모든 것은 전환을 수행하는 방식과 특히 우리를 고무시켜 해방적 환원을 하게 하는 경험에 의존한다. 현상학이 자신의 원천에서, 전통적인 인식론의 방법의 독창성이 어떻든 간에, 그래도 인식의 비판과 관계가 있는 논리적 근거의 문제를 제기하고 있음을 잊지 말자. 환원의 방법은 선결적인 방법, 인식의 내용을 다르게 해주고 새로운 내용을 드러나게 하기 위해, 특히 그 자체로서의 의식을 드러나게 하기 위해(의식을 논제화하기 위해) 번갈아 가면서 그것을 나타나게도 하고 사라지게도 해야만 하는 일종의 기술적 방법이다. 여기서 이성은 자신이 지배하고 있는 방법을 마음대로 사용한다. 이성이 어리석다고 고발당한 현재의 경험의 경우는 이와 사정이 전혀 다르다. 우리는 이성적 인식의 결과나 내용이 직접적으로 문제가 제기되지 않았지만 이성은 자신의 가장 깊은 긴요한 보증에 이르기까지 상실하고 말았다는 것을 살펴보았다. 이것은 이 고발에서 자유로운 것은 아무것도 없다는 것을 의미하는 것이다. 모든 방법, 심지어 환원의 방법은 노골적으로 환원되고 이성은, 의미의 중지에 의해, 말하자면 완전히 발가벗겨진 자신의 조건에로 인도된다. 여기서 이성이 근본적인 환원을 겪는다는 것을 잘 인식해야만 한다(물론 이성은 자신이 고발에 의해 다룸을 받는다는 점에서만, 다시 말하면 이성이 자신의 새로운 조건을 능동적으로 인식한다는 점에서만 환원을 겪지만, 우리는 정직하게 새로운 조건이 그것을 무관심한 채로 놔둘 수는 없다는 것을 살펴보았다). 지향성의 단순한 전환이 이성에게 도움이 될 것이다. 문제가 되고 있는 것은 이성의 모든 방법적 주장과 동시에 지향성 그 자체다.

그러므로 이것은 마치 의미의 에포케 속에서 이성이 완전히 발가벗겨진 함축적 의식으로 "환원"되는 것과 같다. 달리 말하면, 환원은 이제 이성에 의해 조작된, 이성의 방법적인 책략이 아니라 이성의 바로 그 조건이 된다. 만일 환원의 귀중한 개념을 차용한 현상학자들의 언어로 이 미묘한 점이 표현된다면, 현상학자들의 이성이 모든 일련의 계속적, 본질적, 초월적 환원 등등에 앞서지만, 그 환원들은 이성 그 자체와는 관계가 없다. (초월적인) 의식을 나타나게 하기 위해 환원하지만, 의식을 환원하지는 않는다. 그것은 본질이나 의미 작용을 찾는 데 관심을 갖고 있는 현상학자들의 관점에서 의미를 갖지 않을 것이다. 한편, 우리의 경우에, 근원적 환원을 겪는 것 그리고 그것을 출발 상황으로 수용하는 것은 바로 의식 그 자체(또는 우리가 채택한 술어에 따르면 이성)이다. 이러한 환원은 새로운 지향성을 나타나게 하는 것이 아니라, 이성을 근본적인 아포리아 속에 빠지게 한다. 그런데 이러한 경험으로부터, 우리는 후설에서처럼 초월적 의식 또는 명시된 의식이 솟아나는 것을 보지 못했다. 마치 자신의 함축성 안에 포함된 듯한 자기 함축적 의식은 갑자기 조건 의식으로 확장된다. 근본적 환원을 출발 상황으로 인정할 때, 이성은 그것을 자신의 근본적인 조건으로 인식한다. 그러나 환원에 의해 갑자기 "탈-함축된" 그 의식은, 마치 현상학자에서처럼, 즉각적으로 명시적 의식으로 변화되는 것이 아니라, 다만 자기와 자신의 조건에 대한 맹아적 의식으로, 말하자면 "조건에 처한 의식"으로 변화될 뿐이다.

지금까지 묘사된 대립들을 도식화하면 다음과 같이 말할 수 있다.

본질적 환원(= 사실의 인식, 현실적 내용)은 의미 작용이나 관념적 본질을 드러내 준다.

대상의 환원은 의식을 드러내는데, 이 의식은 함축적인 것에서 명시적인 것, 다시 말하면 함축적인 의식-주체에서 명시적인 의식-대상이 된다.

초월적 환원은 "세계"를 환원하며 초월적 의식 또는 초월적 자아를 드러낸다.

어리석음의 공격에 의해 착수된 이성의 환원은 분열되지 않은 조건의 맹아적 의식을 드러내 준다.

상술한 것처럼, 만일 이 의식이 먼저 무지의 의식이라면, 이는 그것이 환원에 의해 사실에 대한 인식들을 강제로 빼앗겼기 때문이 아니다. 자기 무지가 문제인 것이다. 갑자기 해방된 함축적 의식은 아직 (명시적인) 내용을 갖지 못하고 다만 맹아적 내용만을 가질 뿐이다. 바로 이러한 의미에서 조건 의식은 먼저 무지의 의식(소크라테스를 참고하라.)이다. 환원은 노골적이었다. 이 구멍을 메우기 위한 거대한 흡인 장치 같은 것이 만들어진다. 그러나 정말로 환원할 수 없는 이 함축적인 의식에 이르기까지 모든 것이 환원되기 때문에, 이 진공의 경험은 이성이 그 자신이 문제가 된다(quaestio mihi factus sum)고 느끼게끔 한다. 이성이 그 난점에서 빠져 나올 수 있는 것은 오직 자신의 조건에 대한 맹아적 의식을 자신 안으로 확장시키고, 명시함으로써만 가능하다.

현상학적 방법에 관한 독창성은 이러한 거대하고도 총체적인 환원과 그 것의 즉각적인 필연적 귀결 속에서 아직 맹아적이지만 분열되지 않은 자 기에 대한 명시적 의식의 분출로 이루어진다. 우리가 골몰하고 있는 문제 의 출발 상황이 그렇다. 방법이 정확하게 적용되는 것은 바로 지금이다. 우리는 의식의 점진적 명시화의 모든 단계들을 나타낼 그 여정들을 추적 해야만 한다.

　　우리는 다음과 같이 출발 상황의 "정복" 속에서와 같은 운동을 개괄 적으로 인지한다.

　　1. 계속적 환원들의 과정

　　2. 명시된 의식의 새로운 차원들의 현시

　　이것이 바로 모든 방법의 운동이다. 길 옆의 모든 장애물들을 제거하 기, 거절하기, 새로운 길을 열기 위해 그것들을 환원하기다.

4. 에포케(ἐποκή)와 의식의 명시화

우리가 의미의 중지라는 근본적 경험으로부터 자기 의식의 명시화로 나아갈 때, 중요한 것은 주어진 것이나 외적인 선입관을 우리의 반성의 전개와 진보 속에 간섭하게 하지 않는 것이다. 격세 유전이나 철학적 반성의 일정한 양태의 장구한 습관에 의해, 또한 근본적인 경험이 점진적으로 멀어지고 다만 추억의 점점 더 보잘것없는 줄거리에 의해서만 생생하게 유지된다는 그 사실에 의해서, 우리는 낯설은 또는 오직 근본적인 경험 이전에만 그 의미를 지녔던 요소들에 의해서 우리의 철학적 경험의 순수성이 뒤흔들리도록 내버려 둘 수 있을 것이다.

이 위험에서 우리를 지키기 위해서 조심스럽게 절연시켜야만 하는 주요한 요소들을 환기시키고자 한다. 비록 이제 그것들의 위험이 더욱 약할지라도, 우리의 경계심은 문제없이 깨어 있는 편이 더 낫다. 이러한 방법적인 신중함은, 지속되고 있는 철학적 경험의 과정에서, 의식에 항상 현존하는 그 모든 주도권을 쥐는 것과 반성이나 전통적 태도의 낡은 유전적 습성 속에 빠지지 않고, 그것들이 앞서서 인정받았던 가치를 보존하는 것이 얼마나 어려운지가 이해될 때 정당화된다. 우리는 여기에서 종교적 태도와 동시에 철학적 태도에 대해 생각하고 있다.

우리가 계시로부터 그리고 신앙 경험으로부터 나오는 모든 것을 체계적으로 괄호친다고 말하는 것은 거의 불필요하다. 우리는 성경적 진리들을 철학적 이성이 조금씩 확립하는 진리들에 슬그머니 병치시키도록 내버려 두지 않을 것이다. 게다가 지금까지 모든 철학적 모험을 간접적으로 추진시켰던 「고린도 전서」의 여호와 말씀은 이성의 편에서 볼 때 충분히 생생한 반응, 곧 이제부터 정확하게 철학적인 경험의 전개가 그것을 완전히 흡수하고 그 이성이 처음에 약간의 충격이었던 것을 아마도 당연히 망각하게 되기 때문에 잠재적인 상태로 존속하는 반응만을 야기시켰을 뿐이다. 하나님의 말씀은 그 후로 실제로 개입되지 않았고 이성은 순수하게 철학적이었던 경험의 영향으로 성경적인 초-이성적(extra-rationnells) 진리들을 전혀 고려하지 않았다. 다른 점에서 보면, 어떻게 이성이 그렇게 할 수 있었을까?

신은 이성에 의해 반박될 수 없고, 어리석음의 가능성은 합당하게 고려될 수 있음에 틀림없다. 그러나 그 점에서, 특히 의미를 환원할 때, 무의미의 위협으로부터 자신을 보호하기 위해서가 아니라 근본적 아포리아에서 빠져나가기 위해 철학적 이성이 말씀에서 정체 모를 빛을 찾을 최소한의 이유도 없다는 것이 충분히 명료하게 보인다. 만일 계시의 문제가 지금까지 이성에게 전혀 제기되지 않았다면, 따라서 이성은 방법적인 대책으로 신, 그의 말씀, 『성경』, 그리스도, 계시 또는 신앙을 계속해서 괄호칠 것이다.

만일 이성의 최초 반항의 실재가 없다면, 우리는 이 절연이 단지 중립성(아마도 임시적이고 결정적인 이것은 추후에 살펴보아야 할 것이다.)만을 함의할 뿐이라고 기꺼이 말할 것이다. 우리가 그렇다는 점에서, 철학적 이성은 방법적인 이유들로 말미암아 복음의 하나님 또는 기독교적 진리의 문제에 대해 무관심하다. 괄호침은 정확히 이러한 방법적 무관심을 표현한다.

그러나, 똑 같은 이유로 이성도 마찬가지로 계시된 것, 이러저러한 『성경』의 말씀이나 이러저러한 기독교 교리에 대한 모든 합리적이고 철학적인 비판을 방법론적으로 삼가면서 이 무관심을 고수한다. 이것은 먼저 이성이 적대적이고 논쟁적인 태도 속에서 수축될 수밖에 없는 어리석음의 슬픔에 대해 반항하기 때문이 아니다(이 반항이 보다 결정적인 철학적 선취에 의해 곧 이어서 가리워지고 완화될지라도, 원칙적으로 그것은 변하지 않았다. 당분간 합리적으로 근거 없고 입증되지 않은 이 공격에 대해 반항할 이유들이 적잖이 있다). 게다가 철학적으로 이성은 그 긍정적인 것을 전혀 기대할 수 없으며, 방법의 관점에서, 이 무관심의 중지를 깨뜨리는 경향이 있는 모든 것을 괄호칠 것을 모두가 요구한다.

더 나아가서 이 모든 문제를 재고하는 것이 유익한데, 이는 이 방법의 무관심은 방법적일 뿐이며, 따라서 임시적일 뿐이고, 앞으로 살펴보겠지만, 그것을 체계적이고 결정적인 무관심주의로 변형시키는 것은 다시금 길을 잃는 것이기 때문이다.

마찬가지로 우리는 철학적 지평에서 나아갈 것이다. 대체로 견고한 그리고 결정적으로 획득된 기초의 자격을 이성의 세계에 주는 진리와 명증성의 세계(진리의 내용, 모든 종류의 과학적 결과, 기준, 방법), 곧 재검토하고 이의 제기할 아무런 이유도 없는 이 세계를 우리는 마찬가지로 괄호치는데, 이는 정확히 그것이 법정에 끌어내어 지지 않았고 실제적으로 그것은 이의 제기할 수 없는 것이기 때문이다. 사실 "그건 자명하다."는 것의 영향력으로부터 빠져나오고자 시도하고 있다. 왜냐하면 데카르트가 자신의 과장된 의심의 경험 속에서 자신도 모르게 제일 명증성(제일 명증성이 명증성이기를 그만둔 적이 없다는 것을 잊지 말자.)을 향하여 다시 미끄러지지는 않을까 염려했던 것과 마찬가지로, 우리는 여기서 그리고 보다 더 강력한 이유로 의미의 중지라는 비판적 경험 속에서, 사유의 자연적 무게의 총량으로 말미암아, 자명한 그리고 여기에서 또한 타당하기를 전혀 그만둔 적이 없으며 결코 이의 제기되지 않은 의미 속으로 다시 떨어지는 경향이 있다. 매 순간마다 기본적이고 아주 자연적인 감정이 우리에게 깊은 인상을 주게 할 위험이 있다. 하지만 이성의 이 진리들, 이 결과들은 이의 제기할 수 없다. 왜 이 의미의 중지가 그것들의 타당성에 관한 의심과 같은 것인가? 사실, 우리의 반성에서 문제 제기와 방법적인 괄호침 사이의 주된 구별을 명명백백하게 유지하는 것은 어려운 일이다.

이것은 데카르트의 방법적 의심이 거의 저항할 수 없을 정도로 순수한 회의적 의심이라고 해석되는 경향이 있는 것과 같은 어려움이다. 게다가 우리는, 이성의 바로 그 작업에 의해, 이성적 반성의 일정한 결과들에 대해 지속적으로 재검토하는 데 너무나 익숙해 있으며, 그것은 건전한 이성적 방법의 바로 그 관점에서 아주 필요한 것으로 보인다. 다른 한편 우리는 아주 자연스럽게 이 중지의 방법적인 필요성이 우리의 눈에 치명적으로 희미해지는 경향이 있는 의미의 총체적이고도 근본적인 중지를 분별 있고 합당한 이성적 과정으로 생각하는 데 거의 익숙해 있지 않다. 이 중지의 방법적인 필요성은, 적어도 지금까지는, 단지 임시적이고 순간적일 뿐인 것으로 보이지만, 반면에 이성적 결과들에 대한 방법적 의심이나 문제 제기의 필요성은 지속적인 필요성이기 때문에, 경험이 계속됨에 따라 이러한 필요성을 또한 분명하게 더 이상 보지 못하는 경향이 있거나 또는 어쨌든 점점 더 그러한 경향이 있게 될 것이다.

그러므로 결과들의 지속적이고 언제까지나 남아 있는 명증성이 그 기획의 과정을 뒤흔들어 놓도록 허용하지는 말자. 그것들은 잠정적으로는 우리와 무관함에 틀림없다. 그러나 거꾸로 우리는 습관적인 이성적 비판의 기준들과 방식들을 마찬가지로 괄호칠 것이다. 한번 더 우리가 그것들의 타당성을 이의 제기하기 때문이 아니라(당분간 그렇게 할 아무런 이유도 없다.), 그것들이 "정상적"이고 자연적인 이성적 활동, 곧 이성이 결과들과 진리들, 명증성과 논증들을 확립하고 싶어하는 활동과 관계가 있기 때문이다. 이성으로 하여금 그것들을 확립하게 해 주는 방법적 수단들을 괄호치지 않고 이러한 결과들을 괄호치는 것은 불합리할 것이다. 그러나 여기서 더 나아가, 이 의식적인 괄호침이 절대적으로 필요한데, 이는 바로 보편적 이성의 구조, 칸트처럼 말한다면 그 선험적 형식들, 참으로 보편적인 방법적 구조와 같은 그 비판적 방법들이 바로 이 방식들이 끊임없이 재검토하는 데 사용하는 결과들보다 우리에게는 한층 더 자연스럽게 자명하기 때문이다. 비판적 이성의 중지(우리의 비판적 정신의 중지와는 아무런 관계도 없는!)는 이미 상술했던 것의 핵심을 보여 준다. 이성의 중지는 각각의 "문제"가 얼마나 자신의 방법을 요구하는가를 보여 준다. 그리고 우리의 현실적인 "문제"를 다루는 그 방법은, 만일 그것들이 체험된다면, 보다 일반적인 방법들을 괄호칠 것을 요구한다. 그러나 다른 방법에 충실하기 위해 이 방법들을 중지하는 것은 전혀 국부적이며 심지어 보편적인 타당성에서 첫 번째 방법들을 문제로 삼는 것을 의미하지는 않는다. 우리는 방법 대체의 지평이 아니라 임시적인 방법 중지의 지평에 있다.

그것에 대해 다른 철학들은 어떠한가? 왜냐하면 철학자의 반성 작업은 혼자서 하는 것이 아니기 때문이다. 그것은 과거와 현재의 위대한 철학과의 지속적인 대화이다. 그들의 문제를 제기하는 방식, 그들의 방법, 그들의 부분적인 또는 체계적인 해결책, 이 모든 것이 철학적 이성의 지속적인 작업 재료다. 우리는 우리의 경험이 어떤 생소한 회상의 침입으로부터 고통을 겪지 않기 위해서 마찬가지로 이 모든 것을 괄호쳐야 하는가? 여기에서 그 답변은 어떤 구별과 뉘앙스를 요구한다.

과거의 한 철학 또는 여러 철학, 또는 철학사 그 자체가 우리의 반성에 과도한 영향을 미치고 은밀하게 또는 공개적으로 그것을 요구했다. 특히 위대한 방법이나 위대한 해결책의 너무나도 생생한 현존성이, 바로 그것들의 권위에 의해서, 새롭게 발견하거나 미공개된 반성의 노선을 관통하는 능력에 이르기까지 가로막았다. 이러한 점에서 한 철학 체계 또는 여러 철학 체계의 일반화된 "그건 자명하다."는 것이 나타내는 폐쇄적인 이 모든 꼼짝하지 않는 힘을 괄호치는 것은 당연히 절박하다.

그러나 실제로, 참으로 철학적인 반성 속에서 과거 철학의 역할은 아주 다르다. 주지하다시피, 철학적 체계들은 반성의 "자명한" 것이라기보다는, 거의 전부가 전혀 자명하지 않은, 심지어 우리에게 심층적인 충격을 주고, 상식의 개념을 거칠게 다루는 관점을 나타낸다. 버클리의 비물질주의, 스피노자의 범신론, 헤겔의 변증법, 베르그송의 역동적 철학은 과연 어느 누구에게 자명할 것인가? 그것은 의심의 여지가 있다. 철학적 반성의 역사적 과거가 지니고 있는 이 모든 "경험"은 사실 토론의 지속적인 주제요, 우리가 반성의 빈약한 무기들 또는 보잘것없는 발견들을 시험해 볼 수 있는 정확하고도 심층적인 준거들을 나타낸다. 이 "경험"은 끊임없이 재검토되고, 문제가 되지만, 그것은 우리 자신의 사유에 대해 거리를 취하게 해주고 특히 반성의 바로 그 발생 속에서, 차후의 많은 뜻밖의 실패들을 면하게 하는 일련의 통제와 조정에 착수하게 하는 대단히 귀중한 가치를 지닌다. 철학사는 현실적인 반성에서 도그마적인 또는 체계적인 심급이라기보다는 오히려 비판적 심급이다. 이로부터 이러한 역할의 괄호침은 우리 반성의 일종의 비우기와 같은 가치를 갖는다. 이와 반대로, 의미의 근본적인 중지가 이성에게서 가장 자연적이고 가장 익숙한 거점을 빼앗는 바로 그 순간에, 과거의 참조는 어떠한 희생을 치르고서라도 유지되어야만 한다.

5. 자폐성에서 자기 의식으로

우리가 방금 수행했던 괄호침은 아주 일반적인 방법적 가치를 지닌다. 그것들은 중심적인 경험의 한계에서 지속적인 경계의 역할을 한다. 이제 우리의 주의가 집중하도록 인도되는 곳은 의미의 환원과 출발 상황으로부터 자기 의식의 명시화다.

의미의 환원은 맹아적 자기 의식의 새로운 차원을 열어 준다. 이것은 새로운 차원인데 이는 우리가 살펴볼 것인 바, 이성이 새로운 눈으로 자신을 보기 시작하고 세계 속에서 그리고 자기 자신에 대해 이성적인 조건을 비로소 이해하기 때문이다. 이제부터 전적으로 동시에 그리고 나란히 의식의 진보가 이성이 그러했던 또는 그렇다고 믿었던 것의 환원 또는 제거를 수반할 것이다. 방법론적으로 계속적인 정화적 환원들이 같은 정도의 자기 의식의 점진적 확장을 나타낸다고 말할 것이다. 그러나 의식이 환원해야 할 것을 이해하는 새로운 빛 아래서 자신을 포착하는 바로 그 순간에만, 자기 의식의 단계적인 층위들이 이성으로 하여금 낡은 요소들에 대한 정화적 환원에 의해 이전의 태도로부터 자신을 분리시킨다고 주장해야 할 것이다. 몸이 독성이 있거나 전염성이 있는 요소들을 제거하기 때문에 건강하게 되는가 아니면 건강하기 때문에 그것들을 제거하는가? 우리는 여기에서 절대로 원인과 결과의 관계를 찾지 않으며, 공존의 관계를 확립하는 것으로 충분하다. 이성이 자명했던 것의 새로운 층위들을 제거함으로써 의식의 새로운 구조들이 명시된다.

*

자신이 노출되고 위협당하고 있음을 발견한 이성은 생전 처음으로 타인, 곧 참으로 그에게 다른 언어로 말하는 어떤 사람을 만난다. 자신을 고발한 로고스(Logos)는 자신의 로고스(logos)와 동일하지 않다. 이것은 진실로 타인이요, 그의 최초의 타인이다. 왜냐하면 나의 이성이 일상적인 만남 속에서 다른 이성과 대화할 때, 이웃 또는 대화 상대자의 이성은, 그것이 독서의 대화이든 아니면 생생하게 말로 이루어지는 토론이든, 항상 내가 만나는 이성과 동일한 이성이기 때문이다. 나는 오직 한 이성(la Raison)만이, 한 진리만이 있다는, 그리고 인간들이 정확히 그 진리 안에서 공감하는 훌륭하고도 열광적인, 적어도 고무적인 경험을 한다. 이성적 교환 속에 충돌과 이의 제기가 있다면, 이것은 오해 또는 순간적 맹목성이 있기 때문이지만, 그러나 정확히 이성 또는 오히려 한 이성은 분쟁의 중개 역할을 할 수 있고 정확히 이성에 복종하면서, 이러한 분쟁이 평정되며 교감이 확립되거나 재확립되는 것이 마침내 잘 이해된다. 그러므로 이성은 다른 인간들 속에서는 진정한 타인을 결코 만나지 못한다. 다른 이성의 소리를 들어보자(논리적 이성이 미개인들에게서 소위 전-논리적 이성을 발견한다고 생각할 때조차도 이는 다른 이성이 아니다. 그 단어가 후자의 전자에 대한 연속성 및 준거를 잘 보여 주기 때문이다).

이러한 이성적 교감 속에서 이성은 고무되고 지지된다. 이성은 전혀 뒤틀리지도 않고 혼란에 빠지지도 않으며 참으로 자기 자신으로부터 나가도록 전혀 자극받지도 않는다. 주변 세계와 어지럽히는 충격에 가두어진 우리는 타자의 통제나 비판을 알지 못한 채, 우리 자신에 경도되어 살고 있으며 외부의 거울이 우리 자신의 이미지를 전혀 돌려보내지도 다른 눈으로 우리를 보게 하지도 않는다고 생각해 보자. 정확히 말하면 우리는 우리 자신이지만 결코 우리 자신을 볼 수 없을 것이다. 우리를 초월하고

에워싸는 우주 그 자체는 무한히 확장된 닫힌 세계일 뿐이지만, 이 우주는 우리에게 전혀 타인이 아니라, 단지 우리의 처소일 뿐이다. 이러한 태도는 하나의 이름을 갖는다. 그것은 자폐성이다. 아직 (의식들의 상호성과 타자의 통제 덕분에 조금씩 발견하는) 자신의 나에 대한 의식을 갖지 못한, 그러므로 여전히 타인을 갖지 못한 어린이, 곧 자기 자신 안에 다시 갇히고 더 이상 자기 의식을 갖지 못하며 따라서 더 이상 타인도 갖지 못하는 정신병자는 자폐적이다.

철학적 이성이 (의미의 환원이 수행된) 진정한 타인을 만나지 못하는 한에서, 마찬가지로 자폐적이라고 말할 수 있다. 물론 확장된 의미에서 그러한데, 이는 불가피하게 철학은 발전된 의식에 의해서 특징지어지기 때문이다. 그러나 문제는 정확히 그 문제가 자기의 의식인지, 어떤 자기 의식인지를 아는 것이다. 이성이 자기 자신과 다른 이성들 그리고 우주와의 대화 속에서, 무한히 확장된 그 메아리가 전방위에서 자신에게 되돌아오는, 자신의 언어 말고 다른 언어를 알지 못한다는 점에서, 이성은 무의식적으로 자폐성에 사로잡혀 있지 않은가? 바로 이 자폐성을 통해 예를 들면 고대의 현인에 의해서 그리고 일반적으로 철학 전체에 의해서 주장된 자족(autarcie, 自足)을 이해해야 하지 않을까? 모든 자족이나 자족에 대한 주장은 자폐성과 어떤 폐쇄적 경향을 나타내지 않는가? (우리는 추후에 철학적 이성의 자율성에 관련하여 이 점을 다시 다루어야 할 것이다.)

그러나 이 이성의 자폐성은 정확히 말하면 이성이 공격받은 "어리석음"이 아닐까? 바로 거기에 자신의 소외가 있지 않은가? 자기 자신에 경도된 것으로 그리고 타인을 갖지 않는 것으로 이루어지는 이상한 "소외"다! 하지만 자기 자신 안에서 소외될 수 있다. 이 세상 지혜의 어리석음 속에서 고발되고 있는 것은 이성의 논리가 아니라는 것을 우리는 정확히 언급했다. 어리석다는 것은 비논리적이라는 것을 의미하지 않는데, 이는 비논리적이라는 것은 보다 참된, 다른 논리에 준거해서만 이해될 수 있기 때문이다. 그런데 사람들이 이성에게 그 중에 하나를 제안한다면, 이성은 맨 먼저 보다 참된 논리에 무기들을 내어줄 것이며, 이는 이성이 맨 먼저 근본적으로 오직 하나의 논리, 곧 유용성이라는 논리만이 있다는 것을 알기 때문이다. 이성은 그 중에서 보다 논리적인 것을 받아들일 수 없다는 점에서 자신의 논리에 매달리지 않는다. 그러나 우리가 살펴보았듯이, 비극은 정확히 뒷받침할 증거도 없이 보다 건전한 이성에 호소하지도 않은 채 이성이 어리석다고 비난하는 것이며, 이성이 어디에서 오류에 빠지는 지를 이성에게 보여주지 않은 채 그것이 소외된다고 비난하는 것이다. 그래도 이성이 바보 같은 말을 한다고 비난하지 않는 것은 주목할 만하다. 그러므로 이성의 어리석음은 다른 곳에 있다. 자기 자신과 타인에 관한 자신의 상황 속에 또는 오히려 타인 및 자기와의 관계의 부재, 곧 모든 자폐성의 아주 특징적인 부재 속에 있다.

만약 이성이 어리석다면, 이것은 이성이 논리적이기 때문이 아니라 (너무나 논리적인 미치광이의 어리석음은 더 이상 그 자체로서 자신의 논리 속에 거주하지 않는다.), 오히려 이성이 자신의 논리와 맺고 있는 관계 속에 있다. 이성은 완전히 자신에게 동일시되고, 자신에 관하여 어떠한 거리도 갖지 않는다. 간단히 말하면 어떠한 자기 관계도 없다. 자폐성은 이러한 자기 의식의 부재로 특징지어진다. 자폐증 환자는 소외되지만, 그 자신의 세계와 그 자신의 나 속에서 소외된다. 건전한 정신을 지닌 사람에게 모든 대상 의식은 항상 자기 함축적인 (이따금 명시적인) 의식이 수반되는 반면에, 자폐증 환자는 그것을 아직 갖지 못하거나 더 이상 그것을 갖지 못하며, 이것이 바로 그가 소외되는 이유이다.

어리석다고 비판받은 그리고 자신을 옹호할 수 없는 이성은 생전 처음으로 타인을 발견한다. 자신의 자폐성이 파열한다. 그것은 가시적이 되고 사라진다! 이성은 시야에 노출되고 타인의 위협에 허점을 보이며, 송두리째 드러난다. 그러나 [상황은] 지금 말한 것보다는 더 낫다. 이성은 이제 자신이 보여지고 보여질 수 있다는 것을 안다. 이성은 이제 자신의 정체를 폭로하고 자신이 어리석다고 비난한 이 시선에 대해 자신이 무장 해제되어 있음을 본다. 이성은 위협을 자각한다. 자기 의식이 솟아나고, 이미 자폐성은 사라졌다. 또는 어쨌든 자신의 자폐성에 대한 경계심이 표출된 결과, 가능하고 개연적인 재추락에도 불구하고, 자폐성은 이미 원칙적으로 극복되었다.

어떤 것도 이성을 어리석음의 공격의 은신처에 놓을 수 없다는 것을 명백히 확인하면서, 이성은 자기 자신으로 발견된다. 이성은 자신을 다른 눈으로 본다. 소위 내가 어리석고 소외된다는 것은 가능하지만, 이미 이 가능성에 대해 생각한다는 단순한 그 사실은 이성의 자기 자신과의 관계를 변화시킨다. 이성이 자신의 소외를 그 스스로가 상상하려고 애쓰는, 있음 직하지 않은 가능성으로써가 아니라 참된 실재로써 진단하는 이유가 바로 여기에 있다. 이성의 눈이 뜨이고 이성은 자신의 고발자가 옳다는 것을 인정하는 것 외에 달리 할 수 있는 것이 없지만, 이 소외가 극복되는 것은 바로 이 순간이다.

자신의 고발자가 옳다는 것을 확인할 때, 이성은 자신의 어리석음이 치유되고 이성이 어리석지 않을 수 있다는 것을 자신에게 입증한다.

*

6. 이성의 자폐성과 그것의 다양한 형태의 환원

스피노자의 방법은 "오성의 개혁"으로 표현된다. 우리는 여기서 그것을 수행해야만 하며 우리가 요구하는 것은 바로 정화적 환원이다. 이성의 자폐성은 우리에게 자신의 자연적, 습관적, 일상적인 상황으로 나타난다. 객관성에 몰두하는 이성은 진리 탐구의 주된 장애물인 주관성에 대한 지속적인 투쟁 속에 있다. 하지만 객관성의 승리자이자 주권자인 이성은 역시 객관성의 자폐성인 "주관성"의 보다 미묘하고 음흉한 형태를 자신이 지닌다는 것을 깨닫지 못한다. 이성은 또한 자기 자신으로부터 나가야 하며 자신의 자폐성을 깨뜨려야 한다. 차이가 있다면, 이성은 자신의 주관성을 극복할 수단을 외부로부터 자신에게 보여줄 사람이 전혀 없다는 것이다. 자신의 자폐성은 이성으로 하여금 타인의 말을 들으려 하지 않게 하고 이성은 그것을 극복할 수단을 자신 안에서 찾아야만 한다. 절대로 필요한 것은 참으로 오성의 개혁이며 우리는 이미 철학의 제1의 적이, 사람들이 생각하는 것처럼, 인간의 주관성이 아니라 정반대로 이성의 자폐성이라고 이미 평가할 수 있다.

1) 관점으로서의 이성

이성 그 자신의 중지인 의미의 중지로부터 다시 시작해 보자. 이성의 의미는 지금까지 자명했다. 환언하면 이성은 자신의 의미에 동일시되었고, 무의식적으로 이성은 자신이 의미 부여자임을 느끼고 있었다. 이성은 그것을 알지 못한 채 자신을 준거로 간주했다. 문제의 밖에 놓이면서, 이성은 자신이 검토하는 모든 문제와 질문의 슬픈 조건을 공유하지 않았다. 이성은 관점의 중심, 하나의 관점이었다. 실재는 이성에 관하여 자연적으로 정돈되었다. 이성은 각각의 사물의 위치를 고정시켰고 진리와 진리들의 순서를 세우고 비판하고 판단했다. 세계는 의미를 갖는데 이 의미가 한 지점을 갖고 이 지점은 이 세계의 "밖에" 있기 때문이다. 세계는 이성-심판자가 자신의 판결을 선고하고 미해결된 문제들을 중재하는 법정 앞에 출두했다. 관점으로서의 이성은, 본성상, "조건 지워지지" 않았다. 이성은 사물과 존재 그리고 인간이 그 사물의 조건 또는 그 인간적인 조건을 가졌던 것처럼 조건을 갖지 않았다. 이성은 외부의 조건에 복종하지 않았으며, 절대적이거나 무조건적인 관점이었다. 이성은 실재의 상공을 비행했거나 또는 이성이 존재보다 위에서 또는 그 외부에서가 아니라 존재 가운데서 참으로 존재 의식을 갖는다면, 비록 이성이 단지 부분적인 관점, 곧 사물에 대한 원근법 또는 음영(Abschattungen)만을 포착할지라도, 이성은 그들을 판단하고 명상하면서, 자신을 구경꾼으로 간주하면서 일정한 방식으로 그것들의 상공을 비행했다. 이성이 사물의 곁에 있고, 그들의 조건을 공유하는 것은 불가능했다. 보기는 하지만 자기 의식이 없는 이성은 그들에 대한 한 관점이며, 만일 이성이 자기 자신을 스스로 보고 판단하고 비판할지라도, 이것은 무의식적으로 자신의 자폐성으로부터 나갈 수 없기 때문에, 이성은 자신이 명상하거나 비판하는 함축적인 하나의 작은 관측소를 신속하게 세울 것이다. 이성은 분열될 것이고 자기 자신과 다시 만나는 데에도 일치하는 데에도 결코 이르지 못할 것이다. 자기 비판은 이성을 지속적으로 자기 자신보다 위로 높이며 자신의 모습을 보기 위해서 자신의 상공을 비행할 것이다.

의미의 중지 또는 자폐성의 환원은 단번에 이 관측소를 깨뜨린다. 문제의 밖에 판단자로 있기보다는 이성은 문제 속에 놓여 있고 소송 중에 있고 "문제 속에 연루되어" 있다. 문제는 판단자를 다룬다. 더 이상 법정도 관점도 없다. 이성은 나머지 모든 것과 마찬가지로 목욕탕 속에, 상황 속에 잠겨 있음을 느낄 것이다. 이성은, 그들의 조건을 공유하면서, 인간 들과 사물들 사이에 바로 거기에 있을 것이다. 이성은 자신이 도상에 있 는 탐험가—더 이상 앞으로 던져진 것들(pro-blèmes) 앞에 있는, 자신에 게 앞서-제시되고(pro-posés), 그가 그 앞에-놓인(pré-posé), 문제들의 밖 에 있는 중재자가 아니라—임을 느낄 것이다. 왜 그가 이제 그 속에 있 다고 느끼는가? 왜냐하면 이제 자기 의식이 태어났고 그것은 함축적인 것 이상이기 때문이다. 그는 사물과 존재를 보는 동시에 그는 자기가 그 자신임을 안다. 이제부터 그는 함께 안다(sait avec). 그는 지식을 갖는다 (con-science). 그는 자신이 송두리째 드러나 있음을 알며, 그는 더 이상 손이 미치지 못하는 곳에 있지 않으며, 그는 더 이상 앞에-놓인(pré-posé) 것이 아니라 밖에-놓인다(또는 만일 그 접두사들, 곧 함께-놓인 또는 조건에 처한, 안에-놓인을 활용하고자 한다면). 이성은 더 이상 관점이 아니라 자기 의 (그리고 분열되지 않은) 의식이다. 이성은 여전히 의미의 부여자인데, 자신이 사물들 위에 기투(entwurf, 企投)[12]했던 또는 자신이 사물들 속에 서 자신의 관측소의 높이에서 파악했던 하늘의 선물로서가 아니라, 자기 의식이 조건 의식이라는 점에서 그렇다. 왜냐하면 자신의 조건 의식을 갖 는다는 것은 각각의 인식이 이성 자신의 의미 원천과 명시적으로 관계를 맺는 것이기 때문이다. 인식은 곧 상황 인식, 곧 무조건적인 것의 인식도, 그것들 사이의 존재들의 관계에 대한 조건 지워지지 않은 인식(왜냐하면 그것은 상공 비행이기 때문이다.)도 아니라, 이 사물들에 관한 자기의 명시

---

12) 현재를 초월하여 미래로 자기를 내던지는 실존의 존재 방식. 하이데거나 사르트르의 실존주의 기본 개념. [네이버 사전]

적 의식을 갖는 사물들의 인식이다.

현상학적 환원이 초월적 의식을 세계의 의미 부여자로 드러내는 반면에, 관점 이성의 근본적 환원은 상황에 처한 의식 또는 의식의 조건 또는 명시된 자기 의식(이 세 가지 표현은 동일하다.)을 드러낸다.

여기에서 우리는 관점과 조건 또는 자기 의식을 대립시킨다. 그러나 자폐성은 또한 이성의 조건이 아닌가?라고 말할 수 있다. 그렇다, 정치적으로 어떤 당에도 가입하지 않는다는 의미에서 이것은 실제로 무소속의 당에 가입하는 것이다.

자폐성은 자신을 알지 못하는 조건이기는 하지만, 자신을 알지 못하기 때문에, 함축적 의식만을 갖는 조건이거나 이러한 조건이 전혀 없는 것이다. 자기 함축적 의식만을 갖는다는 것은 자신의 조건 의식을 갖지 않는다는 것이며, 무의식적으로 비-조건의 상태에 머무른다는 것이다. 관점 이성은 자기 자신에 대한 명시적 의식을 가질 수 없거나 또는 이성은 단지 분열, 곧 대상 자아에 대한 지식을 갖는 것에 의해서만 그것을 가질 수 있다.

2) 도구로서의 이성

객관성은 필연적으로 그리고 자동적으로 이성을 그 자신으로부터 나가게 하는 것이 아니다. 근본적 아포리아와 의미 중지의 경험은 우리에게 객관성의 자폐성을 드러냈다. 만일 이성이 무의식적으로 자신을 관점으로 간주하고 만일 이 관점이 함축적인 상태로 있다면, 이성이 자신의 작업을 이러한 관점에서 고려하는 것은 자연스러운 만큼 치명적이다. 이성에게는 그 (함축적인) "나"이며 비판이나 통제의 이성적 활동을 발휘하고, 개념들을 다루고, 모순들을 명료히 하는 준거 또는 관점의 중심이 있는 것으로 보일 것이다. 따라서 이성은 나의 기관 또는 도구(organon), 곧 그 함축적인 나로 하여금 사물들이나 존재들과 보다 깊게, 보다 현실적으로 보다 잘 접촉하게 해주는 연장이나 도구다. 인간이 자신의 감각, 자신의 본능 또는 자신의 이성 기관을 사용함에 따라서, 그는 존재의 제법 깊고 현실적인 층위에 도달할 것이다. 이성은 인간을 위해 봉사하는 진리의 도구다. 여기에서 또한 상기(上記)에서 주의를 환기시킨 불가피한 분열이 표면화된다. 이성-도구는 관점으로서의 이성과 다르지 않은 주체, 곧 정확히 이성-주체를 섬긴다. 이성-도구는 이성-관점으로 하여금 보게 하는 망원경이거나, 만일 보다 덜 명상적이고 보다 더 구성적인 관점 속에 놓는다면, 우리는 그것이 인식 주체로 하여금 진리를 공고히 하고 대상을 구성하거나 체계들을 확립하게 해주는 연장(곡괭이나 흙손)이라고 말할 것이다.

그러나 아포리아의 의식은 도구적 무능력의 의식과 전혀 다른 것이 아니다. 열어 나갈 길도, 사용할 수 있는 기술도 없다. 달리 말하면 이성은 더 이상 도구가 아니거나 자신의 모든 연장들이 쓸모가 없게 되는 상태에 처하게 되는데, 그것은 결국 실제로 똑같은 일이 된다. 이성-도구는 그러므로 근본적으로 환원된다. 게다가 이성-관점 또는 겨냥의 중심인 이성의 환원이 수행된다면, 도구적 활동의 함축적인 지주가 동시에 붕괴된다. 왜냐하면 연장은 저 혼자서는 일하지 않으며 누군가를 위해, 누군가의 손으로 일하기 때문이다. 이성의 탈도구화는 한 번 더 자기 식으로 조건 의식을 드러낸다. 이성-감독이 다시금 그 대열에 들어간다. 그것은 여러 존재들 가운데 한 존재요, 그 자신 스스로 일을 하고 자기 몫을 다하지 않을 수 없는 노동자들 가운데 이성-노동자일 것이다. 폭로된 이성은 손가락의 피부가 벗겨지고, 송두리째 드러난 이성은 꺼칠꺼칠한 실재에 의해서 상처가 나고 피를 흘릴 것이다.

3) 동화적(assimilatrice) 이성

매우 유행하고 있는 그리고 이성의 자폐성을 웅변적으로 증언하는 또 다른 이미지는 동화적 이성의 이미지다. 실재가 제공하는 자양분을 계속해서 소화시키고 그것을 다루고, 부수고, 준비한 연후에 그것을 소화하는 이러한 종류의 이성-위(胃)는 이성-도구의 이미지를 연장한다. 그것은 이성적으로 동화될 수 있게 하기 위해서 변형되는 것이 이성이 아니라 바로 실재라는 것을 함축적으로 보여주고 싶어한다. 이성-위는 모든 실재를 게걸스럽게 먹으며, 가죽처럼 몹시 질긴 고기만큼이나 물렁물렁한 고기도 공략하지만, 신기한 것은 이성-위가 결코 가장 질긴 실재에 대해서도 전혀 이빨이 부서지지 않는다는 것이며, 그것은 상당히 꾸물거리며 힘겨운 동화작용이 이성에게 어떠한 불쾌감도 남겨 놓지 않는다. 동화적 이성은 참으로 "현실적인 것의 삼킴", 다시 말하면 그 말의 본래의 뜻으로 타인의 현실적 실재를 전혀 느끼지 못한다. 소화의 도구가 모든 시련을 견디어 내는 한, 진실로 그것을 삼킬 수 있는 것은 아무것도 없다고 해도 과언이 아니다. 사르트르는 이성의 이러한 개념에 대해 반박했다(『상황』 제1권).

　　그러나 근본적 환원은 이성을 사물의 삼킴에 노출된, 곧 실재에 의해 먹히거나 삼켜지도록 노출된 이성으로 삼는다.

3-1) 연역적 이성 – 이성 – 증거

・　・　・　・　・　・　・　・　・　・　・　・　・　・　・　・　・

4) 신적 이성

파노라마를 한눈에 보는 것처럼, 세계를 상공 비행으로 포착할 수 있는 명상적 이성이라는 개념은 고전 철학의 개념이다. 밖으로부터(θυράθεν) 인간 존재 속에 발생한 우주적 또는 신적 이성의 부분인, 인간의 이성은 그 자체가 신적이며, 이성적 동물인 인간이 동물성을 뛰어넘고, 철학적 지혜에 의하여 신적인 지복을 알 수 있고 또 신들을 사랑하게(θεοφιλέστατος) 되는 것은 바로 이성에 의해서다. 이성의 행사가 올바를 때마다―그것은 다음을 의미한다. 이성이 정념들과 동물성을 재정복하기 위해 주권을 충분히 발휘할 때마다―인간은 자기 자신을 초월하고 세계를 신의 눈으로 본다. 이성은 조건이 없는데 이는 정확히 그것이 인간의 슬픈 조건을 모면하도록 해주는 것이기 때문이다.

그리스적 지혜의 이러한 신적 이성은 지혜자에게 그 자족(αύτάρκεια)을 부여하지만, 이러한 놀라운 자족 속에서 우리는 『파리떼』의 주피터처럼 상황 속에 있지 않고 조건을 알지 못하는 신성의 자폐성을 인정하지 않으면 안 된다. 요컨대 지성이 가지적(可知的)인 것에 동일시되므로, 이 신이 세계를 아는 것이 아니라 자기자신을 스스로 생각한다는 것은 주지의 사실이다.

신적 이성의 이러한 고전적인 개념은 이미 역사의 흐름에서 맹렬한 공격을 받았고, 르네상스와 18세기로부터 이러한 이성은 자신의 신적인 우주적 연고를 상실하는데, 그렇다고 해서 자신의 자폐성을 상실한 것은 아니다. 이성은 개관적 이성으로 머물러 있거나 도구적 이성(18세기 전체의 비판이 우리에게 그 명백한 증거를 제시하는)이 된다. 18세기의 철학자들과 칸트는 모든 사람들보다도 더 정당하게 다음과 같이 선언한다. 우리는 17세기의 우리의 선조들이 했던 것처럼 신적 이성에 대해 더 이상 말하지 않고 이성에 의해 우리는 오직 인간의 이성만을 이해할 뿐이다. 그러나 (차후에 다시 언급하겠지만, 코페르니쿠스적 전회가 완전히 새로운 관점을 열어 놓은 칸트의 경우를 제외하고는) 대체로 이러한 인간 이성의 자폐성은 정확히 동일한 상태에 있다. 그러므로 신적인 것으로부터 자신을 분리시키기 위해서 신을 죽이거나 이신론자가 되는 것만으로는 충분치 않다. 그들은 신적 이성을 세속화할 뿐이었지만, 이러한 인간적 이성의 양심 또는 심지어 무신론자도 동일한 자폐성, 동일한 "무의식"을 증명한다. 그것은 예전의 신적 이성의 모든 속성들을 조심스럽게 간직하고 있다. 그러므로 그것은 그의 무신론의 공언에도 불구하고 신적인 채로 머물러 있다.

우리가 계속해서 환원해야 했던 이성의 모든 형태의 자폐성은 모두 다 신적 또는 명상적 이성의 명백한 또는 위장된 형태들이거나, 우리가 이제 그렇게 말할 수 있는 바, 의미의 근본적 환원을 알지 못하는 이성의 형태들이다. 근본적 환원의 경험은 이러한 신적인 주장, 이제 우리에게 과도한 주장으로 보이지만 물론 자폐성의 무의식 속에서, 그것이 이성의 가장 낮은 겸손처럼 보일 수 있을 만큼 너무나 자명했던 것으로부터 그것을 해방시킬 수 있는 유일한 것이다.

바로 여기에 자신의 인간성으로 "환원된" 이성이 있다. 우리가 여전히 그 의미를 명시해야 할 결정적 계기다. 이것은 이성이 자신의 주장을 약화시켜야 한다거나 자신을 제한해야 한다는 것을 의미하는가? 환원하다의 의미를 잘 이해해 보자. 그러므로 이 정화 작용은 자기 조건에 대한 보다 명시적인 자각이다. 이성은 자신의 인간성을 보기 시작하고 그것의 의미를 더욱 더 잘 명시하도록 운명지어져 있음을 느낀다. 이러한 해방은 이성에게 전혀 한계로 나타나지 않으며 이제부터 이성에게 어떤 영역들이 닫혀 있다고 지적하는 것은 아무것도 없다. 이성은 자신의 활동 수행에 무제한적이다. 이성이 신과 신적인 것에 관심을 갖는 것을 금할 것은 아무것도 없고, 이성이 더 이상 신적인 것으로 간주할 수 없는 것은 오직 이성 그 자체뿐이다. 이성은 거기에서 좁은 인간성 안에 자신을 가두는 울타리가 아니라, 현실적인 성과물, 자기에 대한 보다 심충적인 관점, 새로운 발견들의 약속을 볼 것이다. 인간성은 이성의 조건이다. 이것은 인간성과 특히 의식적 인간성이 슬프고도 가련한 조건이라는 것을 말하는 것인가?

*

둘로 갈라지는 의식의 환원

. . . .

제5장_ 자기 명시적 의식, 인수된 조건

1. 확인되고 인수(引受)된 출발 상황

지금까지 일관된 방법은 미리 짠 도식의 적용도 미리 확립한 원리들에 의해 지배되는 과정도 의미하지 않았다. 그것은 경험을 주조하는 것이며, 또 정확히 이성이 자신의 경험을 자각하기 위해 그것으로부터 떨어져 있어야 한다는 점에서만 그것으로부터 떨어져 있을 뿐인 것이다. 의식의 점진적 명시화는 의식의 확장이 계속적으로 조명하는 이성적 표현을 찾을 수 있다는 의미에서, 또는 점점 더 명백한 의식이 그것에 사로잡힐 수 있다는 의미에서 방법적이다.

우리는, 자각이 여전히 맹아적일 뿐인 출발 상황으로부터, 어떻게 수많은 환원들이 명시화의 단계를 나타내는지를 살펴보았다. 이러한 환원의 방법은 데카르트의 또는 후설의 방법과는 분명히 구별된다. 데카르트의 제1성찰이 묘사하고 있는 계속적 환원들은 난제들을 배열하고 그것들을 계속적으로 제거하는 방식을 나타낸다. 의심과 불확실성의 초기 상황 이후에 데카르트는 환원에 의해 새로운 출발 상황, 곧 이제부터 코기토 속에 뿌리박고 신에 의해 보증된 세계에 대한 확실성과 합리성의 가능한 회복을 그에게 보증해 줄 코기토의 출발 상황에 성공적으로 도달한다.

후설의 환원은 우리로 하여금 불확실한 상황에서 확실한 상황으로 이행하게 하는 것이 아니며, 그것은 세계로부터 우리를 떨어지게 하고 의미의 원천인, 초월적 의식의 새로운 장을 열어준다.

이와 정반대로, 환원의 방법은 출발 상황으로부터 전혀 떨어지게 하는 것이 아니다. 즉 그 방법은 점점 더 견고하게 점진적으로 거기에 뿌리 내리게 한다. 출발 상황은 제거되지도 초월되지도 않는다. 출발 상황은 의식이 그것을 포착하는 여전히 맹아적인 형태 속에서가 아니라, 반성이 진행됨에 따라 확인되는 조건으로써 존속한다. 출발 상황에 점점 더 본질적이고 의식적인 이 뿌리박음은 완전히 독특한 것이다. 문제는 전혀 자신의 상황으로부터 벗어나는 것이 아니다. 철학의 과제는 우리로 하여금 여행하게 하거나 정신적인 한 장소로부터 다른 장소로 이행하게 하거나 우리로 하여금 고귀한 신의 본향 또는 실낙원(失樂園) 또는 다른 질서의 확실성을 재발견하게 하는 것이 아니다. 정반대로 우리는 현재 우리가 있는 곳에 머물러 있을 것이다. 출발 상황은 더 이상 변형되지 않으며, 현장에 있으면서 세계를 변화시키는 방식일 것이다. 그 상황은 간단하게 의식적이 되며 바로 그러한 이유로 그것을 점진적으로 우리의 상황으로 인수한다.

모든 회피가 점점 덜 가능하게 된다는 사실에 의해 출발 상황은 근본화되고 우리의 조건이 된다. 우리는 조건을 인수된 그리고 의식적인 상황이라고 정의할 것이다. 상황의 환원이 점점 줄어든다는 의미에서 그 상황은 근본적이며, 제거되고 변형되는 것이 점점 줄어들 수 있다. 상황은 점점 더 우리와 우리의 경험과 일체를 이룬다. 세계는 이와 같이, 상기에서 환원된, 동화적 이성의 의미에서가 아니라 인수되고 의식적인 인간의 조건으로 점점 더 인간에 동화된다.

이것은 이러한 상황이 존속하는 것은 그 상황이 점점 덜 주어지고 점점 더 인수되기 때문이라고 말하는 것이다. 의식은 확인된 사실과는 전혀 다르며, 그것은 상황의 인수다. 의식이 자신이 포착한 것을 수정한다(의식적인 분노는 분노 그 자체가 아니며, 고통의 의식은 고통 그 자체가 아니기 때문에)고 지적하는 것이 통례라면, 이러한 수정은 여전히 맹아적 의식에 의해 포착된 단순히 주어진 것에서, 명시적 의식에 의해 포착된, 인수된 것으로의 이행으로 이루어질 것이다. 그러나 의식적인 분노가 한 의식이 다른 의식의 분노와 관계를 맺고 있는 의식의 어떤 분열을 가정한다면, 모든 분열을 환원하고 의식이 자기 자신과 점점 더 분명한 일치에로 나아가는 이 자기 자각의 경우에 사정은 이와 다르다. 이것은 인수된 상황이 이제부터 적합한 상황이기 때문이다. 의식의 명시화는 출발 상황을 구성하는 의미의 환원이 자신의 결과들을 가져오기를 그만두지 않더라도 근본적으로 환원된 의미의 회복을 이끌기 때문이다. 이것은 의미가 더 이상 사실의 의미가 아니라 조건의 의미이기 때문이다. 이 의미는 왜? 라는 질문(사실의 질문인)에 필연적으로 대답하지 않을 것이다. 이성은 다음의 질문에 필연적으로 대답할 수 없을 것이다. 왜 이성은 자신에게 방금 드러난 조건 속에 있는가? 그러나 의식으로 말하면 조건 의식이 인수되기 때문에 적합한 조건, 곧 이성의 삶 속에서 조건의 의미와 그 결정적 역할이 인정됨에 따라서 이러한 질문은 그 자체가 조금씩 환원된다.

왜 이성은 송두리째 드러났는가? 아이들이 그들의 끊임없는 왜? 라는 질문에 대답을 기다리는 것과 같은 종류의 답변을 인간이 유사한 질문에서 기대한다면, 그는 실망할 것이다. 그러나 이성은 자신이 송두리째 드러나 있다고 점진적으로 자각했던 그 방법론적 발자취가 바로 그 자신의 경험의 의미라는 것을 깨달을 것이다. 그것을 인정하기 위해서 이성에게서 찾거나 이성에게 부여할 다른 의미는 없다. 물론 근본적이며 초보적인 '왜'라는 질문은 유효하며 검토할 가치가 있다. 그러나 모든 경험의 타당성은 더 이상 이 질문에 주어진 긍정적인 답변에 의존하지 않을 것이다. 의미의 환원은 출발 상황으로 존속하지만, 의미의 환원의 의미가 조금씩 드러난다.

출발 상황이 이와 같이 보존되고 인정되고 확인된다면, 이성이 처음에 자각한 어리석음의 가능성은 어떤가? 의식의 명시화는 그것을 극복하거나 제거하게 했는가? 전혀 그렇지 않다. 어리석음의 가능성은 이성이 가능한 어리석음의 조건에 처해 있다는 것을 명백히 지각했다는 의미에서 단지 확인될 뿐이다. 이성은 이제부터 이 어리석음을 경험의 사실로 간주할 이유가 전혀 없다. 어리석음은 배제되지 않은 논리적 가능성으로 있다. 그러나 의식의 명시화는 다음과 같은 중요한 결과에 이르게 했다.

처음에 어리석음은 이성에게 하나의 논리적 가능성일 뿐이었고, 이제 가능한 어리석음의 조건은 하나의 사실로 인식되고 그 의식에 의해 그 자체로 인수된다. 자기 자신을 명시하면서 의식은 가능한 어리석음을 실제의 어리석음으로 변화시키지 않았고, 그것은 생각된 단순한 논리적 가능성을 인수된 가능성으로 그리고 그것에 의해 사실의 조건으로 변화시켰다. 주지하다시피 철학은 가능성이나 개연성의 영역에서는 유지될 수 없다. 이것은 마치 그것이 실재로부터 나오기 때문에 실재에 목마른 철학이 가능성을 현실적인 사실로 변화시키지 않을 수 없는 것과 같다. 그러나 사유는 단지 그 사유의 힘만으로는 가능한 것을 현실화할 수 없기 때문에 사유는 가능성을 사실의 조건으로 인정한다. 이러한 변화는 무엇으로 이루어지는가? 자각은 주어진 것이나 이성적 작업의 결과를 변화시키지 않는데 이는 주지하다시피 자각이 단순한 가능성과 함께 작동하기 때문이다. 그러나 한편 자기 관계는 깊게 수정되거나 좀 더 정확하게 말하면 생전 처음으로 만들어진다. 바로 이 지평 위에서 어리석음의 가능성은, 그 가능성이 정말로 가능하기 때문에, 자신의 사실상의 결과들을 전개하고 실재에 파고든다.

2. 자기 관계

어리석음의 가능성은 이성을 자기 자신에 대해 송두리째 드러나게 했다. 자폐성은 깨어졌다. 이성은 자기 자신과 더 이상 일치하지 않는다. 자각과 명시화의 과정은 이성의 자기 자신과의 새로운 관계를 확립하거나 또는 오히려 생전 처음으로 우리가 자기 관계라고 부를 이 관계를 확립했다. 근본적인 경험은 이성을 그 자아에서 분리시키고 의미의 중지는 이성의 자기 자신에 의한 환원과 같다고 말할 수 있다.

　자아는 더 이상 자명하지 않으며, 이성은 더 이상 즉자를 갖지 않는다. 명시화의 결정적인 결과는 자아의 즉자가 존재하지 않는다는 것이다. 이성의 자기 자신에 의한 자각은 자신의 "즉자"의 특징과 반비례하여 전개된다. 환원된 것은 바로 이성의 그 본질, 소위 그 실체적 실재이다. 이성의 모든 본질은 그 의식으로 역류한다. 이성은, 점점 더 잘 명시된 자기 의식 속에서, 자신과 맺고 있는 또는 확립하는 관계와 다른 것이 "아니다". 자기 의식은 이성의 본질을 고갈시키고, 이제 그의 모든 "실체", 그의 모든 실체적 실재를 구성한다. 그러므로 자아의 즉자는 자기를 알지 못하는, 자아를 의식하지 못하는 또는 불충분하게 자기를 의식하는 자아의 소외일 뿐일 것이다.

　이성은 자신이 무의식적으로 자기 자신 안에서 길을 잃은 채 "사는" 한, 절대적 대상 또는 절대적 주체라고 생각한다. 자신을 그 자신에게 "폭로하는" 환원은 이성으로 하여금 의식적인 자기 관계로서 다른 존재 방식으로 살게 한다.

그러므로 17세기 말 이래로 시작된 실체주의 비판이 어느 정도의 근본성에까지 추구되어야 하는지가 이해된다.

이성은 즉자가 없다. 그것은 절대적 대상, 곧 이성이 취임하기 이전에, 이성이 이끌린 자각 이전에, 그 자체로서 존재하는 사물이 아니다. 사람들은 실체적 정신, 인간의 본질, 본성상 기능할 모든 준비가 된 구조를 너무나 빈번히 생각했다. 그것은 지성, 영혼, 사유하는 사물(사물이라는 단어가 아주 의미 심장하다.)이라고 불려졌다. 그러므로 그것은 자연의 대상으로 또는 자연의 모든 존재와 마찬가지로 객관적 기술을 할 수 있는 형이상학적 대상으로 말해질 수 있었다. 이성은 자신이 인간의 몸 또는 물질적 원자들에 대해 말하는 것처럼 자기 자신에 대해 말하기 위해서 자신을 자기 자신의 밖에 놓을 수 있다고 생각했다.

그러므로 자각은 이미 존재하는 자아의 이해, 곧 이 관계가 없이 이미 거기에서 완전히 구성된 존재에 대한 인지적 관계의 확립이 아니다. 마치 이성이 어떤 순간부터 인식하는 이성과 인식된 이성(모든 다른 대상의 경우와 마찬가지로)으로 나눌 수 있는 것처럼 말이다.

게다가 이성은 절대적 주체도 아니다. 말하자면 고전 철학은 이성이, 멘느 드 비랑의 표현을 따르면, "자기 자신에 본유적"이라고 생각했다. 이성이 존재한다는 그 단순한 사실에 의해 이성은 자기 자신과 일치했으며, 자기 자신에게 투명했고 자기 자신의 주인이었다. 자기 의식은 인식하는 이성과 인식된 이성으로 분리되지 않은, 일종의 직접적인 통각이었으며, 내감(內感)은 이성을 자기 자신에게 드러냈다. 데카르트 이래로 철학자들은 철학적 반성을 절대적 주체인 이 코기토에 기초하는 경향이 있었다.

그리고 실체주의 또는 오히려 실체 관념의 비판에 의해 절대대상으로부터 추방된 이성의 "절대주의"는 피히테와 같은 관념론자들에게서든, 혹은 이성의 절대적 활동의 중심인, 순수한 나 또는 초월적 자아의 존재를 인정했던 초월론자들에게서든, 혹은 자기 의식을 자아에 의한 자아의 능동적 창조로 간주하는 반성적인 분석 철학자들에게서든 간에, 절대 주체 속으로 도피했다. 그러나 이미 이성을 본질이 아니라 의식 또는 사르트르가 말하는 것처럼 존재의 절대자에 근거하게 하기 때문에, 이러한 의식은 새로운 절대자, 곧 이성이 존재 속에 자신의 글을 작성하거나 발견했던 일종의 특권을 누리는 지점, 그의 존재론적 기초를 나타냈다.

이 모든 입장 속에서 자폐적이고, 자기 자신과 자신의 가능한 어리석음에 대해 무의식적인 이성은 자신이 그것과 완벽하게 일치시킨, 자신이 내면으로부터 포착하고 자신에게 절대적이고 직접적인 존재론적 발판을 보증해 주었던 절대적 주관성의 중심에 자신을 놓았다.

그러나 가능한 어리석음의 근본적 경험에 의해, 이성은 자기 자신에 대해 객관적이거나 주관적인 절대성의 이 중심을 환원한다. 대담한 탈중심화에 의해 이성은 그 자신으로 하여금 자신의 본유성을 뛰어넘게 한다. 실제로 이성은 자신의 현실적인 것과의 관계, 다시 말하면 자신의 인식의 궁극적 확실성을 정당화하는 존재론적 기초를 확정할 수 없다는 것을 깨닫는다. 다른 한편, 게다가 이성은 우리 자신과의 절대적 관계(그리고 즉자)도 확정할 수 없다는 것을 깨닫는다. 이 불가능성의 의식이 가능한 어리석음의 바로 그 의식이다. 이러한 의미에서 "환원된" 이성은 자기 자신에게 고유한 불투명성을 경험하는 이성이다. 절대적인 내적 투명함이란 없다. 이성은 자기 자신에게 그늘을 드리우고, 우리는 우리 자신에 대해 가리개를 만든다. 이성이 자기 자신에 대해 송두리째 드러나 있다고 말한다면, 이것은 이성이 자기 자신에게서 멀어진다는 것과 그러므로 이성이 가로질러 반투명하지 않으며, 따라서 의식이나 존재의 절대자가 아니라는 것을 말하는 것이다. 우리는 우리 자신으로 원을 그릴 수 없고 완벽한 일치를 발견할 수 없다. 말브랑슈가 다음과 같이 데카르트에 반대해서 자기 의식의 모호성을 제기한 것은 옳다. "당신은 전혀 당신 자신에게 빛이 아니다."

그런데 이러한 반투명성(半透明性, trans-lucidité)[13]의 자기 자신의 부재는 이성과 궁극적 실재 사이의 관계를 정확히 평가할 수 없음과 자신의 참된 가치를 스스로 부여할 수 없음의 다른 이름일 뿐이다. 이 보지 못하는 지점, 이 불투명성은 소외 또는 우리의 인식의 주관성의 요소가 아니다. 그것은 자아와의 직접적인 관계와 자아의 본유성이 불가능하다는 자각이다. 이것은 대상으로서 뿐만 아니라 주체로서도 자족적인 자아가 없다는 것을 말하는 것이다. 발견된, 그러므로 열린 자아만이 있으며, 오직 자기 관계만이 있다. 자기 의식은 단지 자기 관계, 다시 말하면 조건 의식일 뿐이다. 그것은 자기 자신에 관하여 자신의 조건을 경험한다. 이것은 결정적으로 환원된 "절대적 관계"의 불가능성의 경험과 다른 것이 무엇인가? 이성의 주관성의 매듭, 절대자에게서의(그 자신의 절대자에게서의) 소외는 깨끗이 해결된다. 이성은 자기 자신에게서만, 이성이 자기 자신 안에서 무조건적이라고 평가하는 것에서만 소외될 수 있을 뿐이다. 이성의 무의식은 필연적으로 절대주의적이며, 그 무의식은 자신을 소외시키고, 자아와 자아의 일치에 대한 모든 믿음은 소외의 형태요, 이성에게 근

---

13) [역주] 의식의 자기자신에 대한 현전의 방식으로 완전히 투명한 것은 아니지만, 인식이 자기 자신을 전혀 의식하지 못하는 것도 아닌, 반성 이전의 의식 자신에의 현전 방식.

거 없는 보증을 제공하면서 내부로부터 이성을 갉아먹는 해로운 주관성이다.

오직 각성되고 진보된 자기 의식만이 의식을 해방시킬 수 있고, 그것을 탈소외시킬 수 있고, 자신의 자폐성이 깨지게 할 수 있다. 자기 의식은 정복된 주관성이다.

*

이성이 자기 자신에게 자아의 명시적 의식의 자격으로 존재하는 것은 오직 자신의 조건의 근본적 경험 속에서 실체성을 자신으로 근본적으로 "환원하는" 바로 그 행위 속에서 자기 자신에 관해 발견하는 것으로서만이다.

이성은 **자기 자신에 관해** 자신의 조건을 경험한다고 말할 수 있을 것이다. 이성은 자신을 관계로서 포착한다. 주어진 관계 또는 두 항들 사이에서 확립되는 관계로서가 아니라, 창조하고 끊임없이 재창조하는 관계로서다. 이 관계는 "자기 자신에 관한 발견"이라는 경험적 사실을 표현하기 때문이다. 실체성의 근본적 위기다!

이성은 동시에 그리고 근본적으로 자신의 "객관주의"와 "자폐성"을 청산한다.

멘느 드 비랑은 원초적 사실에 대한 관계 의식 속에서 의식-관계, 곧 자아의 능동적 의식, 자아에 의한 자아의 창조라는 반성적 개념을 끌어낸다.

키에르케고어는 자아의 관계(주관성에 대한 무한한 반성)로부터 변증법적 개념을 끌어낸다. 그러나 분열 없는 반성 속에서 자신을 자기 의식의 절대자로 포착하는(데카르트, 멘느 드 비랑, 사르트르) 능동적 주체로서 일종의 의식의 절대자를 재구성해서는 안 된다.

"당신은 전혀 당신 자신에게 빛이 아니다."라는 말브랑슈의 논제가 귀중한 까닭이 바로 여기에 있다. 자기 자신에 관하여 차광막이 있으며, 우리는 우리 자신에게 그늘을 드리우고 있다. 이것이 바로 자기 관계이다. 우리는 의식 속에서 우리 자신과 일치하지 않으며, 절대주의나 자폐성의 형태 속에 다시 떨어지고 싶지 않다면 우리 자신으로 원을 그릴 수 없다. "송두리째 드러남"의 탈중심화는 본질적이며, 소외가 극복될 수 있는 것은 오직 자기 관계가 동시에 타인 관계(참조, 폴 리쾨르, 『의지의 철학』, p. 32)일 때뿐이다.

가능한 어리석음과 깨어진 자폐성의 경험은 현실적인 타인의 경험이다. 경험이 이성을 해방시킬 수 있다면, 이것은 이성이 유아론자가 아니고 타자에 직면하기 때문이다.

*

이성이 자신의 새로운 상황을 자각함에 따라서 이러한 탈자기화(désappropriation)는 조금씩 그 의미를 얻는다. 이성이 살고 있고 발전하고 있다는 것은 거듭 말하지만 바로 환원의 결정적인 경험이다. 이성은 그 자신이 보기에 현자였다. 심지어 특히 관점인 이성 또는 도구인 이성으로서의 이성이 객관성을 겨냥하고, 자신의 주관성으로부터 참된 인식의 중심인 대상을 향하여 탈중심화될 때조차도 이성의 자기 관계는 자기 중심적이었다. 객관성의 자폐성은 자존심이나 무의식적인 자기 중심주의의 형태 하에서 이성의 내적인 태도의 지평에 반영되었다. 우리는 그 기획의 의미가 문제가 될 때, 이성의 자폐성의 환원에 대해 살펴보았다. 이 총체적 의미는 근본적으로 괄호쳐진다. 이제 근본적 환원에 예속되는 것은 바로 자아에 대한 자기 중심적 관계(이성이 양심을 가지고 자신의 지혜를 의식할 때)이다. 이 새로운 측면에서 환원되는 것은 다시 말하지만 이성 전체이다. 따라서 이성은 자신을 자기 자신에게서 감추는 베일, 곧 그의 자기 무지를 자각하며, 환원은 그것을 "배제하는" 만큼이나 나타나게 하는 결과를 가져오며 그 성과 속에서 도달된 자기 의식의 정도와 나란히 나아갈 배제의 과정이 이미 시작된다.

　　자기 중심주의의 환원은 이성을 자기 자신 밖으로 내던진다. 환원할 자기 중심주의에 대한 이 의식은 그것에 관하여 이성이 탈자기화되었다고 느끼는 새로운 중심 의식과 나란히 나아간다. 인간에게 질문을 하고 그의 마음을 찌르고 새로운 자기 의식을 유발했던 것은 바로 하나님의 말씀이다. 가능한 어리석음이 문제될 때, 이성은 단지 자기 자신만을, 어리석음의 논리적 가능성만을 상대로 삼았다. 이제 의식의 지평에서 새로운 준거가 솟아나며 바로 의식을 향해 그리고 의식으로부터 환원의 역동성이 전개된다.

　　지금까지 이성은 탐구에서 주도권의 중심이었고 절차에서 자율성의 중심이었다. 이성은 진리를 탐구했으며, 만일 하나님이 이성의 절차 속에 개입한다면, 그것은 단지 이성의 주도권을 지지하는 후원자로서, 지지자로서만 가능했다. 이성은 신적인 이성에 의거했다. 하나님은 이성의 주도권의 견고성과 유효성을 증대시켰다. 그러나 자기 관계가 문제가 될 때, 그 관계의 의미가 전복된다. "무엇인가"가 자존심의 자폐성에 굽히는 것을 막고, 무엇인가가 베일을 찢고 무지를 드러낸다. 이 무엇인가는 이성이 찾았던 것이 아니며, 이성이 갈망할 수 있었던 것은 하나님이 아니다.

그게 아니다. 이 무엇인가는 이성이 찾지 않았고, 찾을 수 없었던 것으로 드러난다. 그것은 이성을 찾고 뒤엎어 놓고 찌르고 판단하고, 이성으로 하여금 자기 자신으로부터 나가도록 촉구하는 것으로 드러난다. 자기 관계는 하나님을 거치거나 또는 바로 하나님으로부터 자아에로 간다. 이 지평 (그러므로 이성적 진리들의 탐구의 지평이 아니라 자기 관계와 조건의 지평인) 위에서 하나님은 주도권을 갖고 우선적인 것으로 주어진다.

그리고 이성이 자신의 소견에 현명할 리가 없다고 깨닫는 자각의 깊이에 비례하여 신의 우선성이 주어진다. 이것은 앞서서 아주 자주 강조했던 바, 환원과 드러남 사이의, 괄호침과 자각 사이의 항상 동일한 대조이다. 양자 모두 상호 간에 그리고 엄격하게 서로를 조건 지우기 때문이다.

갈라디아서의 구절이 자신에게 어떤 의미를 지니기 시작할 때 이성은 의미 전환의 경험을 한다. "너희는 하나님을 알뿐더러 아신 바 되었다."(「갈라디아서」 4, 9 참조; 「고린도 전서」 8, 3; 13, 12) 하나님이 인간에 (따라서 이성에) 대해서 갖는 이 앎의 우선성은 이성을 그 이성적 작업 속에, 이성적 진리들의 확립 속에 국한시키는 것이 아니라, 그것은 이성의 자기 자신과의 관계에 대한 준거의 중심이다. 그것은 이성이 자신의 조건에 대해서 품는 의식의 결정적 요소로 개입한다(「히브리서」 4, 12 참조).

이성은, 자신의 조건에 대해서 품는 의식 속에서, 살아 있는 말씀의 유효성과 현존을 체험한다. 이 탈중심화된 자기 관계 속에서, 이성이 인식하기 "전에" 자신이 "알려져" 있고, 말씀이 그것을 그 자신의 자리에 위치시키고 제자리에 갖다놓는다는 것을 이성이 인식한다는 점에서, 이성은 자기 자신을 보는 법을 터득한다. 그러므로 이성은 자기 자신을 인식하기 위한 노력 속에서, 이러한 우선성과 탈중심성의 의식을 유지하고 그것을 참조할 방법을 제1의 관심사로 품을 것이다. 바로 이 하나님의 말씀에 대한 태도 속에서 착각에서 깨어나게 된, 탈자폐적인, 탈주체화된 자기에 대한 태도가 설립되고 이해될 수 있다는 것을 이성은 깨닫는다.

그러나 이 탈중심성과 탈자기화는 그것들과 함께 이성이 자신 안에 지니고 있는 자연적 보증의 환원을 이끈다. 이 하나님은 이성이 자신의 불확실성이나 의심들로부터 보다 용이하게 빠져나가기 위해서 자신을 내맡길 지지자도 후원자도 아니다. [이 하나님은] 계제에 알맞게 자신이 그 속에 말려들어간 인간적인 모순들에 대한 뜻하지 않은 경험이나 자신의 천부적인 보증들이 허물어지는 회의적인 위기로부터 이성이 빠져나가도록 이성에게 구원의 손을 내미는 구세주(Deus ex machina)가 아니다.

　　이 탈중심성은 오히려 정반대로 푸른 하늘의 날벼락처럼 끼어든다. 하나님의 말씀의 충격 하에서 이성은 자신의 기초의 불안정성, 함축적인 자기 관계의 연약성을 자각한다. 따라서 이성은 마치 독단적 선잠에서처럼 깨어나고 새로운 모험 속에 냉정하게 관여한다. 그래서 이성은 자신이 수용해야만 하는 단념이 어렵다는 것을 이해한다. 이성이 다음의 사도의 말을 듣는 것은, 그 과제를 가볍게 그리고 용이하게 하기 위해서, 자진해서 하는 것이 아니다. "너희 중에 누구든지 이 세상에서 지혜 있는 줄로 생각하거든 어리석은 자가 되라. 그리하여야 지혜로운 자가 되리라"(「고린도 전서」 3, 18). 이성이 두려움과 떨림이 없이 그 이성적 의식 속에서 어리석은 지혜자로 또는 어리석은 지혜로 살아가려고 시도하는 것은 아니다. 이성이 부여하는 메타노이아(μετάνοια)의 의미를 명시하는 것이 쉬운 일은 아니다. 이 "오성의 개혁"(μετάνοια)은 정신(νοῦς)을 변화시키고, 이성의 자연적 의미를 전환하거나 역전시키는 것으로 이루어진다. 그것은 또한 초월적인, 초-지성적인, 초-이성적인 세계와 그것에 도달하기 위해 이성에게 우월한 능력이 있다는 의미에서의 오성의 초월이 아니다. 그것은 조건 의식을 의미한다. 당신을 내면성 안에 보다 더 깊이 들어가게 하고(사태가 차후에 보다 분명하게 드러날 것이다.) 당신의 모든 도피를 막는 초월이다. 이러한 의미에서 수정되는 것은 정신의 내면적 태도, 정신의 자기와의 관계(회개하는 것), 곧 그것의 비이성적인 초월과의 관계가 아니라 자기와의 관계라는 것을 메타노이아는 정확히 지적하고자 한다.

메타노이아는 오성을 지혜로부터 어리석음에로 이행하게 하는 것이 아니라, 무의식적 어리석음 또는 지혜롭다고 의식하는 지혜로부터 먼저 의식적인 어리석음에로, 자기 무지의 의식에로, 그 다음에는 메타노이아에 의해서 그 어리석음이 이성에게는 당황케 하는 힘의 원천인 어리석은 지혜의 점진적인 명시화에로 이행하게 한다. 그러나 어리석음을 비난하게 하는 이 놀라움은 이 어리석음이 조금씩 새롭고도 이성적인 지혜에 다시 흡수될 탐구를 자극함에 틀림없다.

3. 주체의 탈 절대화

물론 이성이 자신의 주관성을 극복하기 위해 자신의 절대성과 심지어 절대자에 대한 자신의 열망조차도 희생시키도록 이끌려 왔다는 것은 첫눈에 보기에 당황스러운 것이다. 자연의 사물에 적용된 인식의 자연적 운동 속에서, 그 운동이 전복되고 인식의 진보와 그것의 주관성에 대한 승리가 절대자의 점진적인 발견 또는 절대자와의 관계의 확립과 나란히 나아가는 것으로 보일 수 있다.

자신의 가능한 어리석음에 대한 자각은 이성을 자신의 깊은 겨냥의 근본적 전환으로 이끈다. 이성의 근본적 이의 제기는 자신의 자폐성을 깨고 자신의 절대적 관점을 기각한다. 우리는 그것에 의해 이성의 자기 자신과의 관계의 내밀한 변화가 수행되는 이러한 결정적인 운동을 탈 절대화라고 부를 것이다. 인식의 주체는 따라서 새로운 눈으로 보인다.

역사는 우리에게 탈 절대화의 위대한 사례, 곧 칸트의 코페르니쿠스적 전회를 제공해 준다. 그것은 아마도 우리가 여기서 특징지울 근본적 전환의 본성을 가장 잘 이해하게 해 줄 수 있을 것이다. 두 운동 사이에는 깊은 유사점이 있다. 하나는 칸트의 운동으로, 이는 객관성에 대한 코페르니쿠스적 전회에 의해 대상의 탈 절대화를 수행하는 것이다. 다른 하나는 주체를 탈 절대화하면서 일종의 주관성에 대한 코페르니쿠스적 전회를 성취한다.

칸트는 절대적 대상이라는 개념을 흔들어 놓았다. 과학적 인식, 곧 이성적 필연성이 가능한 조건들에 대해 질문하면서, 그는 이 필연성이 사물 그 자체가 아니라 인식하는 주체의 바로 그 구조 속에 놓여 있음을 발견했다. 그는 사물 그 자체를 절대적 실재가 아니라 한계 개념으로 삼으면서 대상을 탈 절대화했다. 코페르니쿠스적 전회는 주체에 의한 대상의 조건 지움, 곧 객관적이고 필연적인 인식에서 인간의 부분을 나타나게 하는 것으로 이루어진다. 즉자나 절대자의 준거는 소멸된다. 절대 대상은 인식의 밖으로, 철학의 밖으로 추방된다. 좀 더 정확히 말하면, 대상은 객관적 필연성의 근거인 주체를 위하여 탈 절대화된다. 칸트는 이와 같이 주체를 강화시켰고, 그것을 모든 인식이 근거할 요람으로 삼았다. 그러나 그는 동시에 정신의 선험적 형식들이 경험이 가져온 것이 없이는 비어 있다는 것을 인식했다. 이러한 의미에서 그는 경험에 의한 주체의 조건 지움을 인정했다. 그러나 경험이 가져온 것은 선험적 형식의 절대성도 이성의 자율성도 무너뜨리지 못하는데 이는 코페르니쿠스적 전회가 대상이 주체에 의해 규정되기를 원하기 때문이다.

칸트의 주체는 절대적이라고 말할 수 있다. 물론 그는 그 자신으로부터 내감에 의해 현상학적 인식만을 가질 뿐이다. 하지만 정신의 선험적 형식의 중심적 매듭인 순수 주체, 초월적인 나는 비단 나뿐만이 아니라 이성과 대상 세계의 통일의 지주이기도 하다. 그러므로 주체나 이성은 충분한 보증을 갖고 자신의 고유한 선험적 구조를 신뢰할 수 있다. 이것은 우주의 질서가 배열되며 모든 인식이 근본적으로 보증되는 견고한 지점이다. 이성은 현실적인 것과의 관계를 지배하는데 이는 현실적인 것이 오직 이 선험적 형식의 필연성에 의해서만 현실적인 것이기 때문이다.

대상의 자격으로 말할 수 있는 형이상학적 존재 그 자체와 마찬가지로 주체 그 자신에 의한 절대적 인식이란 존재하지 않는다. 물론 이러한 관계 하에서 절대적 주체란 존재하지 않는다. 그러나 그럼에도 그 어떤 것도 대상과 객관성의 근거로서의 주체를 무너뜨리거나 이의 제기할 수 없기 때문에, 주체의 진정한 탈 절대화가 아니라는 것을 누가 모르겠는가?

마찬가지로 현상학은 주체가 그 자체로서의 독립적 실재일 수 있다는 것을 인정하지 않는다. 그러나 모든 위기에도 불구하고, 후설의 이성이 이 책에서 기술하는 것과 견줄 수 있는 위기를 알지 못한다는 것을 후설의 초월론은 충분히 보여 준다.

한마디로 말하면 이성, 의식 또는 주체는 포스트-코페르니쿠스적 철학에서는 세계, 심지어는 이미 탈 절대화된 세계에 대한 절대적 관점으로 머물러 있다.

이성의 근본적 이의 제기는 정확히 코페르니쿠스적 전회를 더 이상 실현시키지 못한다. 그것은 주체와 대상의 상호 관계를 전복하지 못한다. 그것은 주체의 자기 자신과의 관계를 변화시키며, 근본적으로 탈 절대화한다. 칸트는 주체에 의한 대상의 조건 지움을 보여 주었다. 이제 문제는 주체 그 자신에 의한 주체의 조건 지움을 살펴보는 것이다. 대상의 지위에 대한 칸트의 전복은 타당하며, 절대 주체의 흔들림은, 전비판적, 전칸트적 비판에서처럼, 절대 대상으로의 복귀를 의미하지 않는다. 이성 그 자체는 환원되고 탈 절대화된다. 주체는 송두리째 드러나고 조건에 처한 것으로 보인다. 문제는 이성에 대한 새로운 관점이 아니라, 관점으로서의 이성, 곧 현실적인 것을 지배하는 이성의 근본적 불가능성을 인정하는 것이다. 관점으로서의 이성 또는 절대 주체는 자신의 어리석음의 가능성이나 자신의 양식을 증명하는 것이 불가능함을 알지 못하는, 또는 그것을 전혀 고려하지 못하는 이성이다. 어리석음의 공격은 주체 측면에서의 절대자의 청산을 나타내며, 그 공격이 없는 이러한 청산이 이성에 의해 진지하게 고려될 수 있다는 것은 진실로 전혀 생각될 수 없는 것으로 보인다.

그러나 이제 절대 주체의 개념(가능한 어리석음이 없는)은 절대 대상(인식과는 독립적 실재)의 개념과 마찬가지로 이성 또는 철학에서 추방된다. 그러므로 주체가 단지 탈 절대화하기 위한 현상으로써만 자신을 인식한다고 말하는 것은 충분치 않다. 비판적 심급 그 자체, 그 능력과 지위가 이의 제기되어야만 한다. 비판적 심급 그 자체가 가능한 어리석음의 측면에 송두리째 드러나 있음을 인정해야 하고 그 심급이 그것을 참작해야만 한다. 자신이 자신의 가능한 어리석음의 문제를 제기하지 않을 때만, 자신이 자기 자신에게 본유적이라고 생각될 때만, 이성은 비판적 심급일 수 있다.

칸트는 탈 절대화에 대해서 큰 족적을 남겼지만, 비판적이며 그가 그토록 원했던 기획 속에서 그리고 과학적 인식의 가능성의 조건들의 문제와 함께 아주 훌륭한 걸음으로 출발했던 그는 이러한 길에서는 결코 가능한 어리석음을 만날 수도 없었고 이성을 탈 절대화할 아무런 이유(왜냐하면 그럴 만한 이유가 없기 때문에)도 발견할 수 없었다. 그는 대상을 주체에 관하여 "조건 속에" 놓았지만 이성을 조건 속에 놓지는 않았다. 그가 인간에게서 모든 지적 직관을 부인할 때, 그는 인식이 실재 그 자체의 거울이 아니라 탈 절대화된 구성이라는 것을 보여준다. 그러나 이성은 여전히 자기 자신에게 투명하고, 자기 자신에게 본유적이며, 자신의 보편적이고 불변적인 구조에 근거하고 있다. 한층 더 근본적인 중지가 필요하다.

송두리째 드러난 이성은 자신이 더 이상 순수한 투명성도 아니고 최고의 심급도 아니라는 것을 확인한다. 이성은 자기 자신에 대한 근본적인 불명료성을 인식했다. 이성은 자신의 배후에서 보증되지 않는다. 탈 절대화된 이성은 자신의 본질을 상실했다. 이성은 자신에게 그림자가 드리워져 있다. 이성은 자기 자신을 스스로 조건 지우며, 이성은 자기 관계다.

게다가 칸트의 문제가 무엇보다도 인식론적이라는 것을 주목하자. 자신의 역량을 발휘하고 그것의 타당성이 전혀 문제시되지 않은, 이성적이고 과학적으로 타당한 인식의 가능성의 조건들의 문제다. 이것은 여전히 근거의 문제를 제기하는 방법이다.

이제 가능한 어리석음의 문제를 제기할 때, 조건의 다른 의미가 뚜렷이 드러나고 형이상학에로 되돌아간다. 자신의 가치를 자신에게 스스로 부여할 수 없는 이성의 조건이란 무엇인가?

4. 이성의 조건

탈 절대화의 근본적 경험 속에서 이성은 자신의 조건을 발견하고 인식한다. 그러나 이 조건을 어떻게 이해할까?

자신을 규정하고, 제한하고, 상대화하는 어떤 외적인 것에 의해서는 이성이 조건 지움의 경험을 하지 못했다는 것을 한번 더 지적하자. 칸트의 대상 그 자체의 탈 절대화는 대상의 상대화로 이끌었다. 물자체는 인식하는 주체에 의하여 조건 지워지고, 그것에 관하여 상대적이다. 물자체는 그렇게 보이는 것만큼 독립적이지 않다. 그것은 본질 그 자체도 절대적이지도 않다. 대상의 객관성 안에는 주체의 —아주 중요한—측면이 있다.

마찬가지로 인간의 삶 또는 바로 그의 사유는 자연, 곧 주위의 자연 또는 그것의 본성, 유전, 교육, 역사 또는 사회적이고 경제적인 상황에 의해 조건 지워진다고 말할 수 있다. 철학과 현대 심리학은 인간 또는 그의 의지의 자유를 "탈 절대화하면서" 인간 행동의 그 조건 지움을 풍부하게 기술했다.

현대 철학은 점진적으로 조건의 개념을 본성 또는 본질 개념으로 대체하면서 한층 더 인간적인 조건을 기술했다. 그것에 의하여 사람들은 인간이 시작과 끝 사이에 걸쳐 있는 "역사적인" 존재요 세계, 과거, 자신의 탄생, 자신의 죽음에 관해 상황에 처해 있다는 것을 이해했다. 인간은 근본적인 상황 또는 제한적인 상황과 관련하여 특징지어질 것이다.

이 충분하고도 남을 만큼 이루어진 기술(記述)들을 재고하는 것은 무익한 일일 것이다. 게다가 만일 우리가 여기서 이성의 조건에 대해서 말한다면, 이것은 정확히 어쨌든 이성에 영향력을 미치는 그리고 이성을 상대화하는 결정론을 나타나게 하기 위함이 아니며, 인간의 결정과 행동 속에서 주변의 기여를 주목하게 하기 위함도 아니다.

　　오히려 확립되고 있는 자기 관계라는 의미에서의 주체 그 자신에 의한 조건지움이 관건이다. 이것은 이성이 수정되고 있는 자신을 보는 방법이며 결과라는 절차를 거쳐서 실재로의 연결을 확립하는 방법이긴 하지만, 전혀 외적인 것이 이성에 미치는 작용은 아니다. 절대적 주체 또는 자신의 본질에 더 이상 근거할 수 없기 때문에, 이성은 더 이상 자기 자신으로 원을 그릴 수 없으며, 자기 자신의 불명료성이 명시되었기 때문에 이성은 송두리째 드러나 있다.

보통 무엇인가에 의해 자신이 조건 지워져 있다는 것을 인식하는 것은 내가 현재 그렇지 않은 보다 절대적인 조건에서 그 상대성을 확인하는 것이다. 유전은 일종의 절대적 사실이며 나의 존재는 유전에 상대적이다. 이것은 조건 그 자체는 절대적인 것이 되고 조건들을 인정하는 것은 자아의 절대성을 결정론 위로 옮기는 것을 의미한다.

　　반대로 여기에서 이성의 조건은 자신을 조건 지우는 절대자가 되지 못한다. 이성의 조건은 이성을 결정짓는 객관적 상황의 기술도, 단순히 주관적 상황의 기술도 아니다.

5. 이성의 인간적 조건

고전적인 또는 고대의 철학은 항상 이성을 실체적인 것으로, 인간 안에 있는 신적인 부분으로, 곧 지금-여기의 세계, 변화와 동물성의 세계와는 다른 세계에 자신을 이어주는 불똥으로 간주했다. 인간은 이성적 동물이었다. 이성은 인간을 동물 위에 있는 존재로 고양시켰고 인간으로 하여금 영들의 공동체, 신의 도성 속에 들어가게 했다. 이성은 심지어 인간을 그 자신보다, 다시 말하면 인간적인 너무나 인간적인 것보다, 심지어 동물적이지 않고 너무나 인간적인 것보다 위로 고양시켰다. 그러므로 이성은 신적인 본질로부터 나왔다. 이성이 절대 주체, 존재 그 자체, 관점과 도구를 구성한다면 그리고 인간의 의식이 동물성, 본능 또는 정념의 소외를 극복하는 방법이라면, 이로부터 아주 놀라운 것이 나온다. 이것은 그 자신이 인간의 본질의 근본적인 부분을 이루는, 인간 안에 현존하는 신적 절대자이다. 왜냐하면 인간이 이러한 신적인 부분을 갖지 못한다면, 그는 동물적일 뿐이기 때문이다.

만일 이성이 신적인 본질로부터 나온다면, 그것은 하늘과 땅 사이에, 신적인 것과 동물적인 것 사이에 돌출한 존재의 이 애매한 상황 속에서 이성이 인간적 조건보다 위에 있다는 것을 의미한다. 신적인 본질의 보유자라는 것은 정확히 조건을 갖지 못한다는 것이다. 신적인 조건에 대해서 말하는 것조차도 거짓일 것이다. 용어상 모순이 있을 것이다. 고전 철학의 깊은 열망, 인간학 또는 이성적 동물(따라서 신적인 동물)인 인간의 인식론의 열망은 신적인 요소에 의해 인간 안에 있는 동물적인 것을 이기고, 한층 더 인간의 필수 불가결한 본질인 것을 승리하게 하는 것이었다는 것을 우리는 이해한다.

추론하거나 사유하는 것은 자신을 신적인 것의 관점, 모든 것의 관점에 결연히 위치시키는 것으로, 만물을 영원의 상 아래에서(sub specie aeternitatis) 고려하는 것으로 이루어진다. 철학은 신적이었고, "신적이며 인간적인 것들에 대한 과학"이었으며, 철학은 신이 우주를 생각하듯이 우주를 생각하고 사물들 속에 새겨진 그 이성을 다시 만나고, 이성으로 우주의 존재에 대한 보다 깊은 소통에로 다시 들어가고 싶은 열망이었다.

이러한 이성은 자기 자신에 대한 완전히 거리낌 없는 양심, 다시 말하면 자기 자신에 대한 완전한 무지 또는 무의식만을 지닐 수 있을 뿐이다. 우리가 살펴본 것처럼, 이성의 신적 실재와의 일치는 자명했으며 이러한 이성은 도무지 자기 자신에게 문제가 될 수 없었다. 인간에게 있어서 유일한 문제는 신적인 것이 승리하는 것을 방해하는 것을 그 안에서 물리치는 것이었다.

그러나 이성이 그 근본적인 이의 제기의 경험을 하고 "그건 자명하다."는 것의 그 거리낌 없는 양심에서, 곧 이 무의식에서 자신이 떨어져 있는 것을 보자마자, 자기 의식의 각성이 점진적으로 이성에게 그 가능한 어리석음의 조건을 드러낸다. 자기 자신에 의한 신적 이성의 환원이 이와 같이 수행되고 이성은 이처럼 자신에게서 자신의 신적인 보증들을 빼앗기게 된다. 이성은 조건에 들어가고, 신에 관하여 자신의 지위를 더 이상 단번에 알지 못한다. 이성은 자신의 신적 본질을 괄호치거나 상실한다.

이것은 이성이 다른 측면에서 전복되며, 이성으로서의 이성이 인간의 상실이 된다는 것을 뜻하는가? 더 이상 신적이지 않기 위해서 이성은 악마적이 되거나 인간 이하가 되어야 하는가? 이성은 어리석고 자살이라는 최고의 희생을 수행해야 하는가? 이성의 어리석음은 증명할 수 없다는 것을 살펴보았다. 이성은 이치에 맞게 자신이 어리석다는 것을 확신하거나 증명할 수 없다. 만일 이성이 어리석다고 상상한다면, 만일 이성이 자신의 고유한 어리석음을 선언한다면, 인간은 자신의 고유한 동물성에서 소외되고 기만적이 된다. 사실 근본적으로 이의 제기된 이성이 자신의 악마성에 대해서뿐만 아니라 자신의 신성에 대한 근본적 환원을 수행하는지를 잘 주목해야 한다. 이성의 본질은 신적일 수도 악마적일 수도 없다. 어리석음의 공격은 이성이 본질을 갖는 것, 자기 자신에 본유적인 실체와 마찬가지로 자신의 본질에 근거하는 것을 가로막는다. 이것은 이성에게는 본질 환원의 결정적인 작용이다. 그 결과로 이성의 눈에 자신의 고유한 조건이 드러난다. 그리고 이러한 조건은 더 이상 신적일 수도 악마적일 수도 없다. 조건은, 그것이 정확히 조건이기 때문에, 인간성의 의식 또는 의식적인 인간성일 수 있을 뿐이다. 이성은 더 이상 우리를 절대자와의 관계를 확립해주는, 신적인 것과 모든 것의 관점으로 우리를 고양시켜 주는, 인간 내부의 기관도, 이 관계의 확립을 방해하는 기관도 아니다. 환원된 이성은 이와 같이 자신의 가치, 특히 이러한 가치를 스스로 부여할 수 없다는 것을 의식한다. 정반대로, 그것은 자신이 인간과 동일 선상에 있고 그것이 생전 처음으로 이성의 자기 자신과의 관계 또는 이성의 인간에 대한 관계를 확립하는 한, 조건에 처해 있다.

*

따라서 인정되고 의식된 상황이 조건이다. 그러나 조건에 처한 이성이라는 것이 무엇인가? 상기에서 수행된 환원, 곧 조건 지워지지 않은 관점으로서의 이성, 도구로서의 이성 또는 신적 이성의 환원 의미를 한층 더 명시해 보자. 이로부터 이성은 자신의 조건 속으로 인도되고, 자신의 "인간성"으로 인도되고, 인간에 재통합되었다는 결과가 나온다. 사람들은 살고, 느끼고, 상상하고, 믿고, 생각하고, 사랑한다 등등. 그는 일정한 문맥, 주어진 상황 속에서 살고 있는 역사적 존재다. 문제는 그의 이성이 그에게 이러한 상황들을 개관하고, 그것들을 공유하지 않은 채 저장하는 수단인지 아니면 정반대로 이성이 인간적인 상황들을 전혀 개관하지 않고 이성 그 자신이 상황들과 연대적이고, 그 상황들 안에서 작업한다는 의미에서 인간적인지를 아는 것이다. 이성은 인간의 "능력", 달리 말하면 어떤 측면에서 인간을 고대의 생각에 따라 자기 자신 밖으로, 자신의 조건 밖으로 끌어당기는 도구인가? 이성은 다른 "능력들", 곧 상상력, 본능, 신앙에 대립되는가? 이성은 인간의 삶, 그의 처신 그리고 운명에 관하여 그것들과 논쟁하는가? 우리가 살펴본 모든 것에 따라서 문제를 제기하는 것은 거기에 대답하는 것이다.

조건에 처한 이성은 믿고 느끼고 상상하고 살고 있는 인간에 재통합된 이성이며, 인수된 조건이 전부인 이성이다. 인간의 총체적 경험의 차원에까지 이성의 확장 이미지는 여기서 빛난다. 이성이 정말로 자기 명시적 의식, 그러므로 자신의 조건에 도달할 수 있다면, 이성은 따라서 인간에 동일시될 것이다. 자기 의식적 이성, 자기 관계와 조건을 갖는 이성은 아주 간단히 말해서 인간이다. 이것은 더 이상 인간과 겨루고 있는, 다른 능력들에 대해 다투고 있는 인간의 이성 또는 인간 안의 이성, 곧 인간 안의 동물적인 것을 굴복시키는 신적인 것이 아니다. 만일 자기 의식이 정말로 통합적일 수 있다면, 우리는, 바로 이 자각 속에서, 이성-능력의 근본적 환원을 수행할 것이다. 자신의 상황을 인식하고 인정한다는 것은 이성에게는 인간 안에서, 인간을 위해서 또는 인간에 반대해서 또는 인간보다 높게 자신을 보기를 그만두는 것이며, 이것은 자신을 인간으로 보는 것이다. 그러므로 이성의 계속적 환원들은 총체적인 인간의 장을 인수하게 해주고, 자신을 인간의 전체성으로 인수하며, 경험과 인간적 조건의 바로 그 차원들에로 확장하는 결과가 된다. 이성은 인간 전체가 된다.

우리는 이와 같이 그의 진정한 가치를 재발견한 이성적 동물을 인간에게 이제 부여할 수 있다. 만일 이성이 인간과 일치한다면, 이것은 이성이 고전 철학이 원했던 것처럼 인간의 본질, 실체 또는 본성을 이루기 때문이 아니다. 그러나 이성은 인간에 대립되거나 인간에 포개어지는 것이 아니라 도처에서 인간을 재발견한다. 인간은 이성이 아니지만, 만일 그의 이성이 자신으로부터 격리되거나 떨어지는 것이 아니라, 자신의 조건을 자각한다면, 이성은 인간적 존재의 통일성, 동일한 조건에서 모든 능력의 연대성을 재조직한다. 경계에서 이성은 자신의 인간적 조건을 인정하면서, 인간적이 되면서 인간이 된다. 그러므로 오히려 '이성은 인간적 동물이다.'라고, 또는 '스타일은 인간이다.'라고 말할 수 있는 것처럼, '이성은 인간이다.'라고 말해야 할 것이다.

그러므로 우리는 자기 명시적 의식 속에서, 말하는 것이 인간인지 이성인지를 더 이상 알 수 없을 것이다. 그들의 소리는 녹아 있고, 뒤섞여 있으며 동일시된다. 의식이 되어 가는 인간은 이성이 되거나 이성적이다. 자신의 조건을 보고 인정하는 이성은 자기 자신을 보는 인간, 곧 인간의 의식이 된다. 여기에서 철학의 매우 오래된 열망이 어떤 새로운 방식으로 자신의 성취를 발견한다. 이성, 그것은 인간 전체이다. 아리스토텔레스는 이성이 정념들에 침투할 수 있다고 생각했다. 이것은 정념들이 이성적일 수 있고 이성과 인간적 조건의 궁극적 동일시를 허용할 수 있다는 것을 알았기 때문이었다. 스토아 학파들도 역시 지혜자 속에서 완전히 이성인 인간을 보았다. 그러나 만일 인간이 당시에 이성이었고 다시 이성이 되어야 했다면, 이제 인간화되고 인간이 되며, 이성이 무의식적으로 그렇다고 생각했던 신적인 것으로부터 "다시" 인간적이 "되는" 것은 바로 이성이다.

이성에게 헌신하기 위해서 그리고 신적인 이성적 지평 위에 다시 놓이기 위해서 그 인간적 조건에서 빠져나오는 것은 더 이상 인간이 아니다. 인간 전체가 자기 자신과 자신의 조건을 조금씩 자각하는 방식으로 자기 자신을 자각하는 것은 바로 이성이다. 인간은 더 이상 동물성과 이성 사이에서 분열되지 않는다. 이성은 자신의 동물성의 (그리고 또한 다른 많은 것들의) 의식이다. 자신의 이성과 자각에 의하여 인간은 그 자신과 다시 관계를 맺고 자기 존재의 일정한 통일성을 재조직한다. 물론 인간은 노출되어 있고 송두리째 드러나 있지만—이것이 그의 조건이다.—그 분열은 이제 이성과 신 사이를 관통한다(이것은 정확히 이 어리석음의 공격과 신적 이성의 환원의 분열이다). 그러나 이성은 이제 인간과 공외연적이다.

6. 인간적 조건

인간적 조건은 오직 이러한 조건을 자각하는 반성에게만 있다. 그렇지 않다면 조건이라고 불리는 것은 전통적으로 본질 또는 본질의 "상황적인 것들"이었던 것의 다른 이름 이외의 어떤 것도 아닐 것이다. 인간이 정당하게 인간적 조건에 대해 말할 수 있는 것은 오직 자신의 이성 자체가 자신의 조건을 자각할 때뿐이다. 그렇지 않다면 용어상 모순이고 이성의 관점의 환상일 뿐인 바, 이제 "인간의 신적 조건" 또는 "이성의 악마적 조건"에 대해서만 말할 수 있을 뿐이다.

이성의 탈 절대화는 진정으로 인간을 조건에 처한 존재로 자각하게 해준다. 한편으로는 그것이 절대적 관점도, 본질 그 자체도, 절대 주체도 아니라는 것을 뜻하며, 다른 한편으로는 그것이 완전히 조건 지워지지 않았다는 것을 뜻한다는 것을 우리는 이제 안다. 이것은 한번 더 그것을 자기 의식으로서라기보다는 오히려 존재 그 자체로 간주하는 것이다.

이러한 의미에서 인간적 조건에 대해서 말하는 것은 형이상학적 절대주의와 반형이상학적 상대주의의 이중적인 암초를 피하는 것이다. 이것은 인간을 상대화하는 것이 아니라, 송두리째 드러나게 하는 것이다.

어쨌든 이것은 그가 신적이지도 악마적이지도 않다는 것을 인정하는 것이다. 이성의 그 자신에 의한 환원은, 합리성이 절대자 안이 아니라 인간 안에 그리고 영원 속이 아니라 시간적 의식의 지금 그리고 여기에, 곧 의식의 역사성 안에 뿌리를 박기 때문에, 인간을 심층적으로 "이성적"이며 근본적으로 역사적인 존재로 삼는다.

인간적 조건이라는 것은 인간이 본질을 갖지 않으며 자기 자신에 본유적이지 않다는 것을 인정하는 것이다. 이것은 그가 순수 존재, 존재의 절대자, 순수기획, 추구하는 순수 표적, 그것이 존재해야만 하는 존재와 그것이 선택하고 "형성될" 본질을 지향하는 일체의 본질이라는 것을 뜻하지는 않는다. 인간은 오히려 본질(본질을 갖는다고 믿는 존재)이며 근본적인 경험의 충격 하에서 자기 자신을 단념하고 탈본질화할 줄 아는, 그리고 좀 더 진실하기 위해, 보다 진정으로 자기 자신이 되기 위해 그가 단순히 그 자신이 아니라 조건에 처한 이성이라는 것을 인정할 줄 아는 존재이다.

환언하면, 두 가지 종류의 자기 의식이 있다. 우리가 자기 무의식이라고 부르는 것이 있는데, 그것은 인간이 나중에 현재의 그의 모습을 자각하는, 또는 존재한다고 생각하는 어떤 존재, 곧 곧바로 자기에게 본유적이며 자기 자신을 완전히 알았던 어떤 존재가 존재한다고 믿는 것이다. 그리고 그 자신을 향해 나아가는 도상에 있는 것도, 그 자신으로부터 온 것도 아니라, 자신을 자기 관계로서 포착하는 탈 절대화된 이성으로부터 오는, 본질 없는, 도상에 있는 존재에 대한 근본적 의식이 있다.

그러므로 인간이 이성적 동물 또는 자기 의식적 존재이긴 하지만 그는 그 자신에 관하여 송두리째 드러난, 존재하기를 그만두면서 자신의 조건을 자각하는 한 존재라고 말하지는 말자. 이 난점과 인수된 조건 사이에 존재하는, 전자에서 후자에로, 자아에서 자아로 나아가는 도상에 존재하는 그 조건이 바로 그것이다.

따라서 마치 그가 그 자신보다 위로 자신을 고양시키도록 운명 지워지고 결실 맺도록 부름을 받은 신적인 맹아를 자기 안에 지니고 있는 것처럼, 인간적 조건의 신적인 위대성을 선언하는 것을 그만두자. 우주에 의해서 망가진, 균형을 잃은, 버림받은 인간의 비참한 조건에 대해 괴로워하는 것을 그만두자. 이 모든 것은 무익하고 잘못된 파토스다. 그렇다. 이성은 인간의 위대성을 이루지만, 여러분이 생각하듯이, 절대자 안의 그 보증과 그 뿌리박음으로서는 아니다. 그렇다. 걱정거리는 인간의 몫이고 난점은 그의 조건이지만, 여러분이 생각하듯이, 이성에게 결별을 고하는 이성으로서는 아니다.

인간적 조건은 오직 이성 안에서 그리고 이성을 통해서만 역할을 한다. 왜냐하면 정확히 진리에 관심을 갖고, 가식을 불신하는, 자신의 무의식적 근거에 이르기까지 흔들린, 이성의 열망은 인간과 동일 선상에 있는 것이며, 인간의 의식으로 존재하는 것이기 때문이다.

7. 근본적 아포리아의 해결인가?

근본적 경험으로부터 조건 의식으로 우리를 이끌었던 모든 여정에서 우리는 차차 우리의 출발점이었던 근본적인 아포리아를 해결했는가?

사실 정확히 말하면 진짜 문제도 없고 해결의 소망도 없기 때문에 바로 그래서 아포리아가 문제가 된다는 것을 우리는 이미 보여 주었다. 어리석음의 공격은 하나의 문제를 여는 것으로 보였다. 사실 이것은 이성을 내적 궁지 또는 새로운 상황 속에 던졌으며, 그것은 이성을 문제 앞이 아니라 명시화의 과제 앞에 놓았다. 이 명시화는, 일단 조건 의식에 이르기까지 밀고 나가면, 궁지를 해결했는가? 탈 절대화된 의식이 되는 (우리가 그것을 주목했던 것처럼, 의식의 아포리아가 아닌) 아포리아 의식은 아포리아를 해결했는가? 환언하면 조건의 인정은 이성을 궁지 속에 넣는가 아니면 "그 문제가 이제 해결되었다."고 따라서 그것이 이성을 더 이상 더 괴롭혀서는 안 된다고 정당하게 생각할 수 있는가?

다음의 사항은 분명하다. 아포리아는 단지 궁지, 순간적인 곤경이 아닌데 이는 이성이 자신의 비-어리석음을 입증할 수도, 공격을 피할 수도 없다는 것을 모두가 확인하기 때문이다. 이성은 궁지에 내몰려 있다. 아포리아는 나쁜 꿈이 아니며, 그것을 자신의 조건으로 인정할 때, 이성은 자신에게 하나의 지속적인 특징을 부여한다. 마치 아무것도 일어나지 않은 것처럼, 모든 것을 지우고 새롭게 다시 시작하는 것은 가능하지 않을 것이다. 아포리아를 지속적인 조건으로 인정하는 것은 이의 제기의 날카로움을 약화시키는 것도 아니고 궁지로부터 나가는 것도 아니다.

그러나 수정되는 것은 조건 의식의 명시화에 의해 아포리아가 점점 더 "해결할 수 없는 문제"라는 그 특징을 잃었다는 것이다. 이성은 처음에는 아포리아를 이성이 해결하기 어려운 문제로 간주한다. 이것은 이성이 자신을 하나의 도구와 절대적 관점으로 간주한다는 것을 의미한다. 그러나 이성이 탈 절대화됨에 따라서 아포리아는 조건이 된다. 자각은 상황을 상당히 많이 변화시켰다. 글쎄 그것은 해결되지 않은 문제의 성가신 날카로움을 훨씬 약화시켰다. 그러나 사실 그것은 그 문제를 단순히 옮겨 놓았을 뿐이다. 이제부터 이성은 아포리아의 해결을 통해 그 조건으로부터 빠져나가려고 시도하도록 고무되는 것이 아니라 자신의 조건 의식을 심화하도록 고무됨을 느낄 뿐이다.

이성은 면역되지만, 바로 그 지속성에 의해 위협받는 조건 의식이 불가피하게 "사실의 상태"로 변화되는 경향이 있기 때문에, 이성은 그 궁지가 자명한 것으로 인정되는 새로운 무의식 속에 안주하고자 하는 경향이 있기 때문에, 그 면역화가 사라질 위험이 존재한다. 그것은 항상 다시 시작해야만 한다.

거짓된 문제는 아포리아를 하나의 조건이 아니라 문제로 간주하는 것이다. 이것이 정말로 이성이 합당하게 제기할 수 있고 또 필연적으로 제기해야만 하는 문제가 아니라는 것을 자각하는 것은 출발의 아포리아적인 상황을 확인하고 인정하는 것이지, 그 아포리아를 제거하는 것은 아니다.

아포리아 의식에서 조건 의식으로의 이행은 철학의 근본화를 이룬다. 주지하다시피 근본화는 최초의, 근본적인, 결정적인 문제를 제기하는 것보다는 철학적 질문, 철학 그 자신의 문제를 탈문제화하는 것으로 더 많이 이루어진다. 이것은 문제 제기의 근본성이 최초의 시초, 제일 원인 또는 "근본적 시초"(라이프니츠)에 대해 질문을 제기하는 것으로 또는 종말, 목적인들, 목적(τέλος) 또는 종말론에 대해 질문을 제기하는 것으로 이루어진다고 생각하는 데 만성이 된 자신의 경향성에 대해 철학이 저항해야 한다는 것을 의미한다.

근본적 근거에 대한 열정적인 탐구조차도 자신을 세계나 하나의 세계에 대한 신적인 관점이라고 생각하면서, 아마도 자기 자신을 의식하지 못하는 이성에 연결되어 있을 것이다.

근본성은 오히려 조건 의식의 측면에서, 다시 말하면 시작과 끝의 양자 사이에서, 파스칼이 인간의 바로 그 지점, 그의 진정한 형이상학적 뿌리박음을 보았던 무한자와 무 사이의 중간에서 찾아야 할 것이다.

8. 철학이란 무엇인가?

만일 이성이 자기 자신에 대해 다른 의식을 취한다면 그리고 인간이 그
자신을 다른 눈으로 본다면, 우리는 물론 세계의 모습이 변화되었다고 말
하지는 않을 것이다. 적어도 철학이 동시에 자신을 다르게 본다는 것을
인정해야만 한다. 주지하다시피, 철학은 오직 학문들 사이에서만 고정된
정의를 갖지 않는다. 자신의 철학을 명시하면서 개개의 철학자는 철학을
재정의한다. 철학의 선결적 정의란 없으며, 뿐만 아니라 우리의 반성이나
의식이 철학적 반성 또는 철학적 의식인지 아닌지를 우리가 평가할 수 있
는 주어진 측정기도 없다.

　　이성이 신적인 관점 또는 신적인 부분으로 간주되는 한, 철학은 형이
상학적이었고 신적인 것들과 실재 그 자체에 대한 학문이었고, 게다가 심
지어 구원의 원리이기도 했다. 철학은 "절대주의"였다. 이성이 자신을 악
마적이라고 생각할 때, 철학은 자신의 헛됨과 무력감을 선언하면서 자살
했다. 철학은 자신이 환상이라고 말했다. 철학의 정의의 변동성을 추적해
야 할 것이다. 그것은 이성이 자기 자신에 대해서 취할 수 있는 의식의 정
확한 척도, 또는 특히 만일 우리가 비판적 관점에 선다면, 그것의 연장된
무의식의 척도일 것이다.

이러한 점에서 기독교적이라고 일컬어지는 철학은 동일한 변동들, 근거
없는 동일한 절대적인 확실성들과 퓌론학파의 동일한 불확실성들을 드
러낸다. 바로 그것만으로 우리는 브레이에(Bréhier)가 특유의 기독교적인
철학은 없다고 말하는 것이 얼마나 옳은지를 확인할 것이다. 이것은 이성
이 자기 자신에 대해서 취하는 의식 또는 철학이 자신에게 스스로 부여

하는 정의가 고린도서들의 근본적인 경험으로부터 보다는 "그건 자명하다."는 것으로부터 더 많이 나왔기 때문이다. 그러나 브레이에는 특유의 기독교철학이 가능하다(그것이 분출한다면!)는 것을 알지 못했다. 철학은 자신의 구조에 의해서가 아니라 근본적 경험에 의해서 기독교적일 것이다. 철학은 이성과 오직 이성만의 모험으로 있다. 하지만 이성의 본질이 노골적으로 기각될 수 있다고 해서 이성 그 자신과 다른 누군가가 완전히 자율적으로 그 탈 절대화를 자각하는 것은 아니다. 더군다나 자신을 탈 절대화할 수 있는 것은 이성뿐이다.

그러나 자신을 탈 절대화하면서 이성은 철학을 탈 절대화한다. 인간성의 의식이 되는 이성이 어떻게 여전히 철학을 신적인 것에 관한 학문, 절대자의 탐구, 구원의 원리로 볼 수 있는가? 철학은 스스로가 자신의 요구들의 약화 또는 탐구 자유의 제한이 아니라, 그 자신에 대한 결정적인 "환원"을 수행할 것이다. 그것은 철학의 영역을 제한하는 것이 아니라, 철학의 근본적인 중심의 탈중심화와 전위를 낳을 것이다. 철학은 형이상학, 회의주의 ─근본적으로─ 절대자 없는 철학이 되면서 상대주의를 뛰어넘을 것이다. 철학은 조금씩 자신이 탈 절대화된 철학이며, 신적인 학문이라기보다는 오히려 인간적인 자각이라는 것을 깨달을 것이다. 이러한 사실로부터 철학은 다른 실증 과학, 상대적인 것으로 간주되는 과학들과 자신의 관계를 새로운 눈으로 볼 수 있을 것이다. 만일 철학이 더 이상 그것들을 그 고유한 본질대로 판단하지 않는다면, 인식론적인 중대한 문제들이 다르게 제기될 것이라는 것은 주지의 사실이다.

. . . .

제2부

/

철학적 이성의 기독교적 조건

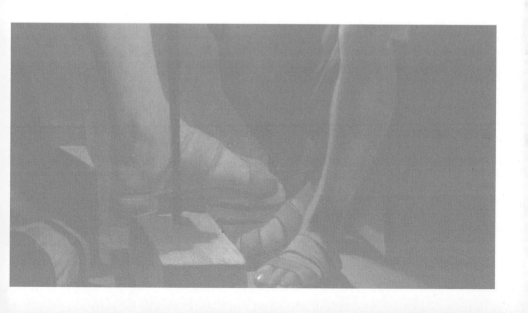

제1장_ 관여하는 이성

1. 신앙이 있는 인간

이성, 그것은 인간이다. 이것이 제1부의 결론이었다. 이성은 조건 의식으로 나타났고 이러한 이유로 이성은 인간 전체에 공외연적(共外延的)이라는 것을 자각했다.

그러나 우리가 이제 이성의 기독교적 조건을 검토할 때, 그 자체로서의 기독교적 신앙도 역시 총체적 인간의 관여이며, 이와 마찬가지로 신앙, 그것은 인간이며, 신앙은 인간에 공외연적이라고 정당하게 말해야 하지 않을까?

신앙도 역시 믿는 자에게는 자신의 인간적 조건에 대한 새로운 의식을 나타낸다. 그것은 정의적(情意的)인 인식 양태에 또는 의견의 양태에 의해 비가시적인 것들의 보증에, 신비한 것과 알 수 없는 것에 대한 인간적인 포착에 국한되지 않는다. 그것은 본성상 가시적 경험계 또는 자연적이라 일컬어지는 세계에 대한 협소한 한계 속에 묻혀 있는 그리고 다소 궁한 이성적 이해를 연장시킬 보다 섬세한 이해의 도구가 아니다. 여기에서 우리는 또한 도구적 지평을 뛰어넘는다. 신앙은 도구도 기관도 수단도 아니다. 신앙은 신과 자신의 관계 또는 좀 더 정확히 말하면 그리스도의 탄생, 설교, 죽음 그리고 부활이라는 사건에 대한 자신의 관계에 대해 인간이 취하는 의식의 표현이다. 이 사건은 결정론의 영향에 견줄 만한 영향을 그에게 미치지 못하고, 믿는 자의 삶을 조건 지우지 못한다. 오히려 그것이 그에게 "말한다."고 말하자, 잠자코 있거나 무관심할 수 없는 메시지가 그에게 전달되었다. 신앙은 부름의 인정이다. 누군가가 말했다. 곧, 인간의 모든 이니셔티브와 신에 대한 인간의 모든 탐구 이전에 먼저 말했다. 무관하지도 중립적이지도 않은 한 사건은 대부분의 다른 사건들과 마찬가지로, 믿는 자의 삶을 결속시키고 그것에 영향을 주며, 부름의 방법을 통해 그것을 전복하거나 전환시킨다.

이 부름은 질문이요, 문제 제기이며, 판단이다. 그러나 그것은 특히 은사이며 약속이다. 누군가—바로 예수 그리스도 안에 있는 하나님이다.—가 인간에게 있어서 관여라는 단어의 가장 본래적인 뜻에 연루되어 있다. 그는 단지 말하고 약속만 한 것이 아니라 보증을 주었고, 행했고, 죽었다. 여기서 희생은 단순한 말이나 모호한 약속들의 문제가 아니라는 것을 입증해 주는 최고의 보증이다. 헌신한 인간에 대해 담보물에 의해 보증된, 희생된 모든 삶은 총체적이고 제한 없는 관여를 증명한다.

그런데 관여는 관여를 부른다. 희생에 이르기까지 헌신한 삶은 소명을 일깨운다. 부름이 행위에 의해 확인될 때, 그것은 응답을 요구한다. 그것은 강제하지 않으며, 마치 지극히 자유로운 필연성처럼 응답하고 싶은 마음을 일깨운다.

이러한 의미에서 신앙은 소명, 곧 응답해야 할 부름에의 의식이다. 따라서 믿는 자의 삶은 갑작스럽게 또는 조금씩 이 부름-사건에 관하여 정돈된다. 신앙은 거기에서 완전히 정돈된다. 따라서 인간의 각각의 활동은 새로운 의식에 의해 고무된 것으로 보인다. 새로운 의미로 가득찬 활동은 하나의 소명 또는 책임을 자인한다. 좀 더 정확히 말하면, 지금까지 이 활동은 솔선하는 행동이었고 올바르게 행해진 노력이었다. 이제 그 활동은 결정적인 탈중심화와 새로운 집중을 통한 응답이다. 하나의 활동이 관여가 되는 것은 그것이 완전히 자기 자신을 지배하지 못할 때이다. 자족 안에는 마주대함의 지점이 없기 때문에 주도권, 응답의 지점, 심지어 진정한 책임의 지점만이 있을 뿐이다.

그러나 인간 전체에 관계되며, 바로 이러한 사실로부터 인간 존재의 통일성을 보다 긴밀하게 재결합하는 부름에는 총체적인 응답과 관여만이 있을 뿐이다. 말하자면, 이것이 바로 신앙이 인간 전체에 관여하는 까닭이다. 믿는 자는 자신의 모든 활동들, 자신의 모든 행위들, 각자가 이 전체성을 자신 안에 가지고 있거나 그것들에 대해 증언할 것이라는 점에서 정확히 관여인 행위들을 통해서 응답할 소명을 느낄 것이다. 믿는 자는 각각의 행위 전체에서 현존할 것이다. 그는 사실 응답할 부담감을 자신의 능력들 중 어떤 것에 위임할 수 없다. 행위, 응답 또는 소명의 진정성은 그 행위가 그 안에서 실현시킬 통일성 또는 통합의 정도에 따라 정확히 이해될 것이다. 신앙은 우리 존재의 모든 운동 속에서 그 죽은 부분들, 우리의 나태함이 안주하는 그리고 우리의 연약함을 숨기고 있는 사적인 영역들, 아주 쉬운 심리학이 우리 삶의 통일성에서 뚜렷하게 드러냈던 이 상호간에 스며들지 않는 능력들을 다시 새롭게 하고 다시 연루시킨다.

따라서, 만일 믿는 사람이 자신의 모든 행위들을 통해 응답할 부름을 받았다고 느낀다면, 이성, 그의 이성도 역시 응답할 부름을 받았음을 느낄 것이다. 또는 오히려 자신의 인간적 조건을 의식하는 이성이 이제 인간이기 때문에, 믿는 자의 이성은 믿는 사람 그 자신과 완전히 다르지는 않을 것이다. 그러나 철학적 이성은 믿는 자 또는 신앙에 공외연적일 수 있는가?—심지어 공외연적이어야 하는가?—조건 의식의 각성을 통해 이성은 인간 전체를 다시 만나고, 그와 동등시 하는 데에 이르렀지만, 그것이 믿는 사람과 동등하다고 자부할 수 있는가? 그것은 그를 다시 만나고 오직 그와 일체를 이룰 뿐인가? 신앙은 거기에서 거의 뛰어넘을 수 없는 장벽, 뛰어넘을 수 없는 간격의 신호가 아닐까? 신앙과 이성은 인간을 놓고 다투고 상호 간에 서로를 배제하지 않으면 안 되는가?

과연 철학적 이성의 기독교적 조건이라는 것이 있는가?

2. 찢겨진 이성

믿는 자의 경험은 이제 자신의 인간적 조건을 의식하는 이성을 새로운 난처한 지경으로 몰아넣는다.

자신의 조건 의식의 점진적 명시화는 그의 경험에 대한 존중을 나타냈다. 이성은 자신의 양심이 굳어지지 않았고, 자신의 뿌리 깊고 익숙한 보증들을 빼앗았던 탈 절대화에 열려 있었다. 간단히 말하면, 그것은 경험, 심지어 가장 충격적이고 대항할 수 없는 경험에 열려 있는 채로 자기 자신에 충실했다. 경험을 이해한다는 것, 경험에 의해 탈 절대화되도록 내버려 두는 것, 이따금 자기 무의식의 격렬한 정화를 받아들이는 것은 그것으로 하여금 실재에 보다 충실하게 해 주었다. 조건 의식은 그것이 경험에 보다 잘 스며들게 하고, 그것에 충돌하는 것과 대면하여 보다 다루기 쉬운 것으로 만들 뿐이다. [조건 의식은] 이성으로 하여금 인간을 다시 만나게 해 주었고 완전히 이 길을 따라가게 하고 믿는 자를 다시 만나려고, 그 경험을 동등시하려고 노력하게 하는 운동에 의해서 이끌렸다. 그것은 인간과 심지어 당황스럽거나 예외적인 경험의 모든 발전들에 이와 같이 정말로 공외연적일 것이다. 그러므로 이성은 자신이 해방자요,

정화자일 수 있다는 것을 이미 경험했기 때문에 현실적인 것에 물어뜯기는 것은 수용할 것이다. 그것은 믿는 자가 듣고 신앙 안에서 자신의 소명으로 인정하는 행위들(그의 진정한 행위들인)에 의해 응답할 부르심을 들을 것이다. 비록 그것이 자신의 고유한 관여와 응답이 무엇인지를 여전히 아주 분명하게 알지는 못할지라도 이성은 그 부름을 듣는다.

그러나 이 운동은 내적인 강력한 저항에 부딪힌다. 이러한 도약은 아마도 사려 깊지 못하고, 너무나 자발적이다. 그 성급함은 비판적이고 의식적이며 주의 깊은 이성이라 불릴 자격이 없다. 그것은 그 자체로서 더할 나위 없이 본질적인 것을 드러내지 않는가? 주관적인 유혹들로부터 자신을 지키기 위해서는 어떤 초연함이 필요하지 않을까? 이것은 파산의 유혹들에 넘어가지 않는 아주 전적인 관여들에 관한 지속적인 불신이 아닐까? 비판적 주의와 예리한 자기 의식은 관여의 헌신과 양립하는가? 헌신은 항상 희생을 향한 제일보, 다소간에 치명적인 도약(salto)이다. 증여는 다소간에 포기가 아닐까? 이성의 힘은 오히려 그 중립성, 객관성의 조건이 아닐까? 진리는 그것을 쟁취하는 데 아주 혈안이 된 대담한 자들, 격렬한 자들, 관여자들에게 굴복한다. 그것은 자신을 훼손하는 폭력을 피하기 위해 자신의 우물 속에 몸을 숨기는 것이 아닌가?

이성의 과제는 자제력과 진리의 어려운 정복에 가장 알맞는 조건들을 인간에게 보장하고 유지하기 위해 신앙의 도약들을 완화하고 훈련시키는 것이 아닐까?

어쩔 것인가? 경험에 충실하고자 하는 마음과 관여의 영향력에 대한 의혹 사이에서 갈라진, 경험의 위협에 용기있는 동의와 비판적 중립성의 신중함 사이에서 갈라진 이성은 망설이고 있다. 무분별한 열광들로부터 인간을 구하기 위해서 그것은 지혜의 콧대를 꺾어야만 하고, 심사숙고

하여 비판적 심급을 다시 세워야 하고, 자신의 조건에서 벗어나야만 하는가? 반대로 그것이 한번 더 경험에 의해 이의 제기되도록 내버려 두어야 하며 모험 속에 들어가야 하는가?

당황한 이성은 양자택일을 피하고 싶어하고, 거북한 선택을 회피하고 삼가는데, 만일 사람들이 이성으로 하여금 선택하도록 강요한다면, 아마도 그 원인이 나쁘고 사람들이 긴급하다는 이유로 강제로 결정을 수반하게 하기 때문이 아닐까? 이성은 멈추고 그 유혹들을 헤아려 본다.

3. 중립성과 무관심의 유혹

자신의 인간적 조건을 의식하는 이성은 타자로서의 이성이 아니다. 탈 절대화되고, 인간에 공외연적인 이성은 인간 전체와 함께 응답할 부름을 지각한다. 중립성과 무관심은 이미 더 이상 가능하지 않다고 말할 수 있다. 비록 인간 전체에의 부름이 이성에의 부름으로 즉각적으로 옮길 수 있는 것은 아닐지라도, 비록 이성이 부름을 받아들이면서도, 자신의 새로운 소명이 어디에 있는지, 진실로 어떻게 대답해야 하는지, 또는 어떻게 대답할 수 있는지를 도무지 알지 못할지라도, 중립성과 무관심은 불가능하게 되거나 오히려 하나의 유혹 또는 들려진 부름의 거절과 다른 것일 수 없다.

이성의 조건이 얼마나 변화되었는지를 우리는 주목할 것이다. 전통적인 철학적 이성에게는 경험에 관하여 그 거리를 취하는 능력, 곧 자신의 판단을 중지하고 공정한 중재자 또는 중립적 판단자의 입장을 채택할 가능성은 그것의 힘이요 이의 제기할 수 없는 그것의 지반인 것으로 보일 수 있다. 사실 장애물이 치워진 절대 이성은 완전히 자연적으로 그리고 정상적으로 본질상 중립적이다. 방법적 의심의 특성인, 세계와 정당화되지 않은 명증성 및 대상에 관하여 물러섬은 이성의 비판적 심급의 능력, 그의 주도권을 나타낸다. 무관심은 중재자와 판단자에게 필요하며, 그것은 절대 이성의 지배력을 보여 준다.

그러나 자신의 조건을 인식한 이성은 전혀 시의적절하게 손을 뗄 수 없다. 즉 이것은 자동적으로 자신의 조건을 단념하고 이성과 인간, 모든 장애물이 치워진 이성의 절대적 관점과 인간의 경험 사이의 분열을 다시금 더욱 크게 벌어지게 하는 것인데, 이는 첫 번째 것이 두 번째 것을 판단한다고 간주되기 때문이다.

자신의 조건을 망각한다는 것은 자신의 바로 그 작업 속에 주어진 것들을 떠맡지 않는다는 것이며, 이것이 바로 이성의 주된 유혹이요, 자기 "기만"이다. 현실적인 것에 물어뜯기는 것에 대한 의혹, 그 주위에서 자신의 자족을 보호하는 무관심의 여지를 의심하고 유지하는 이성의 흔들림 없는 지배력은 항시 자기 자신을 의식하는 이성을 자신의 절대성의 무의식 속에 다시 떨어지게 할 위험이 있다. 이제 전통적으로 이성의 최고의 자유와 지배력을 특징짓는 이성의 중립성과 무관심은 조건 거부, 의식의 파산, 자신의 명료성에 던져진 베일을 표현한다.

탈 절대화되지 않은 이성에게 있어서, 자기 자신과 세계에 대한 각성은 오직 의심과 중립성의 제거에 의해서만 가능하다. 세계에 사로잡힌 이성은 더 이상 객관적인 판단자가 아니다. 이성의 각성은 자신의 탈출에 비례한다. 그러나 앞서 살펴본 것처럼, 이러한 최고의 무관심과 중립성 속에서, 이성은 자신이 자신에게 본유적이라고 믿고, 자신이 마음대로 할 수 있다고 믿으며, 자신의 명증성으로부터 보증되며, 자신이 자신에게 부여한 가치를 정직하게 그리고 의식적으로 자신이 부여할 수 없다는 것을 깨닫지 못한다. 이러한 모든 장애물이 치워진 각성은 자기 무의식의 밑바

닥에서 분리된다. 하지만 각성은 그 중대한 환상을 인정해야만 하는 자기 자신의 완전한 반투명성에 근거한다고 생각한다. 조건 의식의 명시화는 우리에게 이성의 진정한 각성을 드러내 주는데, 이는 사람들이 자신에 대해 통찰력이 있는 경우에만, 그리고 사람들이 정확하게 자신들의 내적인 불명료성을 발견하는 경우에만 참된 각성이 있기 때문이다. 정반대로 조건에 연결된 각성은 이러한 조건의 불-투명성에 대한 각성이다.

조건에 처한 이성에게 있어서, 중립성은 무의식에로의 복귀, 이성의 재절대화를 의미할 것이다. 그러나 무의식은 하나의 유혹이다. 정면에서 실재를 응시하려고, 특히 자기를 의식할 때 검토하지 않는 조건이 아니라, 자신을 절대적 관점이라고 생각할 때 다스리고 지배하며 이해하는 조건 속에 사로잡혀 있다고 느끼게 하려고 사람들은 애쓰고 있다.

결국 믿는 사람의 관여의 충동을 공유하기를 거절하고 판단자의 중립성 또는 불가지론의 무관심 속으로 피신하는 이성은 그 이성과 인간 사이의 분열을 옳은 것으로 인정하고 즉각적으로 조건에서 벗어날 것이다. 비록 그것이 여전히 유혹으로 남아 있을지라도, 조건에 처한 이성이 어쨌든 이러한 유혹에 대해 면역되어 있다고 말하지 않으면 안 된다.

4. 합리화의 유혹

조건에 처한 이성의 지속적인 유혹은 경험의 이의 제기와 현실적인 것에 물어뜯기는 것을 피하기 위해 자신의 고유한 절대성을 복원시키는 것이다. 자신의 당황스러움을 진정시키기 위한 손쉬운 해결책이다. 홀로 떨어져 있는 모든 양식 —그것들은 다수이다.— 은 이러한 방향으로 나아간다.

만약 이성이 믿는 자의 경험을 판단하고 중재하고 이성적 비판에 그것을 예속시키기 위해 그 경험으로부터 자신을 제외한다면, 그것은 이 경험의 현실적인 내용을 빼내도록 인도될 것이다. 이로부터 우리는 두 가지 사항 중에서 하나를 갖게 될 것이다. 곧 이의 제기되도록 내버려 두지 않는 이성과 같은 부류로 그 경험을 환원하면서 이성과 경험의 공외연성을 복원시키거나, 혹은 이성은 그들 상호간의 배척을 강조하면서 신앙과의 다리를 끊을 것이다. 만일 이성이 문제가 제기되는 것을 피하면서 이러한 경험의 본질적인 것을 보존하려고 시도한다면, 그것은 이 경험을 합리화하도록, 그 경험을 자신의 말투로 표현하도록 유혹을 받을 것이다. 그것은 이 경험을 변형시키는 것, 감소시키는 것이 아니라, 그 강조점을 약간 옮기는 것으로 만족한다고 생각할 수 있다. 그것은 그 경험을 여기든 저기든 보다 이성적인 또는 적어도 이성에게 보다 수용할 만한 구조로 바꾸면서 신앙의 주관적인 "과도함"을 완화시킨다는 점에서 아마도 그것을 심지어 강화하고 공고히 한다고 생각할 것이다.

그러나 심층적인 경험은 왜곡되지 않고서는 번역할 수 없다는 것에 주목해야 한다. 시를 산문으로 번역할 수 없는 것과 마찬가지다.

게다가, 믿는 자의 경험을 합리화하고자 하는 모든 시도나 모든 유혹은 모든 날카로운 것과 환원할 수 없는 것을 제거하면서 신앙을 지배하고자 하는 은밀한 욕망을 증언해 준다. 오직 절대적 이성만이 이러한 기도를 합당한 과제로 간주할 수 있고 양심적으로 그것을 기도할 수 있다. 그것은 이성의 절대적인 관점을 회복시키고 수호하는 것을 겨냥한다.

반대의 유혹이 바로 그 도피하고 싶은 마음을 나타낸다는 것은 말할 필요도 없다. 이성이 신앙 앞에서 사라지고 신앙에게 자신의 우위를 이의 제기하지 않다니 놀라운 일이다. 이것은 우리가 이미 말한 바, 지적 희생의 유혹, 지속적인 포기의 유혹이다. 여기에서 이성은 중재와 비판적 심급의 절대적 관점을 유지할 수 없다는 것을 의식할 것이다. 그러나 이성은 무너지면서 그것으로부터 과도한 결론들을 끌어낼 것이다. 이성은 자신의 고유한 조건, 새로운 조건에 대해 전혀 자각하지 못할 것이다.

5. 한계의 유혹

그러나 사실대로 말하자면 제국주의자가 되고 싶지는 않지만 더 이상 자신을 탈 절대화하는 데 동의하지 않는 이성의 주된 유혹은 환원된 형태로 신앙과 이성이 후자에 의해 전자가 이의 제기되지 않은 채 그것들의 절대성을 지킬 수 있는 영향권을 스스로 제한하고 선을 긋는 것이다. 여기에서 명백히 이성의 겸손을 증언해 주는 이 한계들은 사실상 계산된, 상당히 제한되고, 그것을 건드릴 수 없게 할 만큼 충분히 밀집한 보호의 장벽이다. 자신의 측면이 항상 노출된 거대한 제국보다 홀로 자신을 방어하는 요새가 더 낫다. 이성의 겸손은 불가피하게 권력에의 의지와 무장해제되지 않은 절대성을 숨긴다. 이성은 자신이 탈 절대화된 것을 아는 두려움 말고는 자신을 제한하거나 자신이 제한되어 있다고 생각할 만한 어떤 이유도 갖고 있지 않다. 위험을 벗어나기 위해 희생을 치르거나 정치의 영향권에 관여하는 모든 방식은 은둔 생활을 하는 절대자의 형태로 이성의 절대성을 유지한다. 그것은 인간의 경험과 삶의 한복판에서 그 구별을 확립한다. 그러나 그 구별과 제한들이 이성에 의해 폭넓게 인정되기 때문에, 그것들이 정상적인 것으로 그리고 조화의 바로 그 조건들인 것으로 보일 수 있다. 그러나 타협안(modus vivendi)은 접근할 수 없다고 생각되는 통일성을 전혀 대체할 수 없다. 따라서 이성은 전체적 인간과의 분열,

이성과 경험의 공외연성의 불가능함을 정당한 것으로 인정한다.

파스칼이 그것에 관해 무어라 말하든, 이성의 부인(이성을 제한하는 것은 그것을 부인하는 것이기 때문이다.)은 전혀 이성에 일치하지 않는다. 이성의 교만과 자족이 한계들의 겸손 아래로 숨어들어갈 때, 진실되지 못하고 기만적인 이 겸손은 가장 음흉한 유혹이다.

탈 절대화된 이성, 자신의 조건을 의식하는 이성은 무제한적 이성이다.

*

6. 궁지에 몰린 이성

우리는 이성이 자기 자신에 대해 송두리째 드러나고, 자신의 조건을 점진적으로 자각하면서 근본적인 아포리아 속에 있음을 살펴보았다. 그러나 이제 이성의 당황함과 머뭇거림은 또 다른 질서로부터 나온다. 이성은 이번에는 아포리아 속에 잠겨 있지 않다. 아니 이성은 부름을 듣고 대답하기를 머뭇거린다. 이성은 결정의 필요성 앞에 있다. 결정하지 않으면 안 되는데, 이는 예든 아니오든, 어쨌든 무관심은 불가능하기 때문이며 중립은 배제되는데, 그것도 또한 하나의 결정이긴 하지만 결정의 바로 그 소여들을 변질시키는 부정직하거나 기만적인 결정이기 때문이다. 무관심을 위한 결정도 그것이 조건의 거부인 한, 하나의 결정이다. 그러나 이성이 일단 조건 의식에 도달하면, 이 거절은 진짜 배반이요, 갑자기 단번에 지워 버리고 무의식과 절대자의 안전 장치 속에 별안간 다시 잠기는 의식의 명시화의 모든 과정에서 심의된 망각 또는 무지라는 것은 명백하다.

부름은 조건 짓지 않는다. 정확히 그것이 부르고, 그것은 자유로운 결정에 호소한다. 사람들은 대답하지 않을 수 없을 것이다. 심지어 예도 아니고 아니오도 아니라는 것도 하나의 대답일 것이다. 그러나 모든 답변은 자유로운 결정에 속한다.

부름은 육신이 된 말씀, 복음인 부름-사건에 신앙으로 대답하는 믿는 사람 그 자신의 모든 경험으로부터 온다. 그 응답은 마찬가지로 믿는 사람에 대한 응답, 그에 관한 응답이다. 이성은 믿는 사람과 꼭 함께 걸어가고 싶은지 아니면 떨어져 있을 것인지를 정하는 것이 또한 자신의 일이라고 생각할까? 한번 더 인간 전체의 경험에 관하여 이성은 스스로 결정해야만 한다. 이성은 신앙처럼 하나님께 응답해서는 안 된다.

이성의 결정은 즉각적으로 자신의 조건으로부터 나온다. 조건 의식은 상황 의식이다. 하지만 이성은 활동성이다. 이제부터 어떻게 이 활동성이 "조건 속에서" 발휘될 수 있는가? 결정(또는 결정의 불가피성의 의식)은 조건에 처한 활동성과 이제 인식되고 인수된 이 조건을 배반하지 않고자 하는 이성의 바로 그 표현이다. 한번 더 우리는 자기 의식의 통일적인 특징을 확인한다.

결정에 앞서서 이성은 자신의 의지와의 합일을 확인한다. 이 단계에서 그 두 "능력들"은 더 이상 자아의 각각의 영역이 아니다. 의지적 오성과 이성적 의지가 있다. 의식적이고 이성적인 의지가 문제인지 아니면 의지적 이성, 의지의 의식이 문제인지를 알 수 없다는 점에서, 결정은 자기의식과 의지의 내밀한 융합을 확립한다.

절대 주체인 이성은 이러한 종류의 선택 앞에 있지 아니한데, 이는 그것이 송두리째 드러나 있지 않고 조건을 갖고 있지도 않기 때문이다. 그러므로 조건은 자기 자신에 본유적이고 투명한 것으로, 사람들이 처해 있는 상황의 모든 소여들을 다스리거나 개관하는 것으로 이루지지 않는다. 자기 자신을 검토하는 것과 자신의 가치를 스스로 부여하는 것의 불가능성이 이성을 마비시켜서는 안 된다는 것을 이제 우리는 안다. 그러나 그것은 이성을 심지어 모든 소여가 없는 채로, 모든 보증인이 없는 채로 관여할 필연성에 직면하게 한다.

송두리째 드러난 이 조건을 인수하면서, 이성은 자신이 이 조건들 속에서 추론하지 않으면 안 된다는 것을 깨닫는다. 무조건적 이성은 여전히 자기무의식적인 이성일 뿐이다. 결정은 조건 인수의 결정적인 순간, 곧 의식이 행위 속에, 활동성 속에 도달하는 그 순간을 나타내며, 행위들을 통해, 바로 그 관여를 통해 그것이 의식하고 있으며 제공할 답변을 갖고 있다는 것을 증언한다.

이성이 물로 뛰어내리는 것은 결정에 의해서이다. 또는 오히려 자신이 이미 "목욕탕 속에" 있다는 것을 인식하기 때문에 그것은 거기에 던져져 있다. 그러나 거기에 자신을 던진다는 것은 자신을 포기하는 것, 자살하는 것, 익사하는 것이 아니다. 이성은 "자신의 모든 이성과 함께", 날카로운 의식과 함께 자신을 던진다. 그것은 위험을 받아들이는데 이는 모든 것이 더 이상 보증되지 않는다는 것을 그것이 알기 때문이다. 만일 모든 것이 보증된다면, 만일 이성이 자신의 본질과 기준들을 갖는다면, 이성은 더 이상 이성이 아닐 것이다. 의식적 이성은 더 이상 또 다시 무의식 속에 떨어질 수 없다. 이것은 의식의 파산일 것이다. 이제 포기의 위험이 존재하는 곳은 바로 그곳이다. 만일 이성이 물로 뛰어내리지 않는다면, 무의식에 빠질 것이다.

존재론적 이성은 자신의 기초와 보증들을 지니며, 따라서 그것은 전혀 조건의 한복판에 있지 않다. 이성이 개관할 줄 알지 못하는, 개관할 수도 없는 조건이란 없다. 그러므로 조건은 없다. 우리가 살펴본 바, 탈 절대화된 이성은 더 이상 보증인이 아니거나 그것이 그렇게 되는 것은 오직 인간의 전체성에 의해, 의식의 통일성에 의해서만이다. 이 통일성은 주어 지지 않으며, 자기 의식과 행위에 의해서 얻어진다. 조건 속에서 추론한 다는 것, 철학한다는 것은 결정과 함께 추론하는 것이요, 조건 속에서 추 론하기로 결정하는 것이다. 조건으로 말미암아, 조건 의식을 명시하기 위 해, 조건에 충실하게 머물러 있기 위해 [그렇게 하는 것이다].

그러나 모든 소여가 없는 채, 보증인도 없는 채로 이성이 결심해야 한다고 생각하는 것은, 비합리적인 것으로 향하는 아주 큰 문을 여는 것 이 아닐까라고 반대를 받을 것인가? 그 결정은 비이성적인가? 절대 이성 에게 이런 유형의 모든 결정은 사실 합리성의 부인일 것이다. 탈 절대화 된 이성에게서는 명료한 그리고 보다 각성된 의식으로부터 나오는 결정 이 관건이다. 이성은 비이성적이 되지 않는다. 그것은 단순히 송두리째 드러나 있으며 결정의 불가피성을 인식하면서 자신의 조건인 이 송두리 째 드러남으로부터 결론을 끌어낸다. 이것은 이미 부름이 있다는 것을 인 정하는 것이며 이미 응답을 시작하는 것이다. 이성은 자신의 조건 속에서 공전하고 있지 않으며 자신이 갇혀 있는 그리고 악순환이 되는 원을 그 리지는 않는다. 그렇지 않고, 그것은 부름을 이해하고 거기에 응답하려고 노력한다.

단지 그 일이 어려울 따름인데, 왜냐하면 신앙은 신앙으로서 자신에 게 응답하는 반면에, 신앙과 달리, 이성은 이성으로서 응답하라는 명령과 함께 직접적으로 부름을 받지 않기 때문이다.

신은 이성에게 말하는 것이 아니라 인간에게 말하고 있지만, 만일 그 가 인간에게 말한다면 이성이 혼자 떨어져 있고자 하지 않는 한 그는 또 한 이성에게도 말한다. 그러나 이성은 이 부름을 인간적인 경험 속에서 해독해야 할 것이다. 자기 의식은 어떤 계시도, 어떤 초월적인 메시지도, 어떤 직접적인 부름도 받지 못한다. 인간은 신의 소리로, 초월적인 명령으로 철학하라는 부름을 받았다고 전혀 느끼지 못한다. 이것이 바로 그가 필연적으로 철학함(Philosophari)이 순수한 이니시어티브라고 생각할 수 있는 이유다. 그러나 우리는 이제 철학함이 부름에 대한 응답일 수 있다는 것을 안다. 그런데 정확히 만일 그 부름이 직접적이지 않다면, 따라서 문제는 무엇보다도 먼저 정말로 그 부름이 어디에 있는지, 이성에게는 그것이 어떻게 이루어지는지를 인식하는 것이다. 이로부터 자신의 자각 속에서 아무것에 의해서도 속박되거나 제한되지 않는 이성의 완전한 자유가 나온다. 그러나 그로부터 또한 이성이 해답을 찾아야 하는, 간단히 말하면 관여해야 하는 고통도 나온다. 그로부터 다양한 유혹의 힘이 나온다. 믿는 사람이 부름을 받기 때문에 조건에 처한 이성은 부름을 받는다. 그러나 이성은 그 부름이 어디에 있는지, 이 부름이 자신과 어떻게 관계를 맺고 있는지 그리고 어떻게 그것이 진정으로 이성의 자격으로, 다시 말하면 추론하는 인간의 자격으로 그것에 답할 수 있는지를 자문하도록 부름을 받는다. 한마디로 말하면 그것은 자신의 소명이 무엇인지를 자문한다. 또는 이 모든 것을 자문하는 것, 다시 말하면 철학하는 것이 정확히 자신의 소명이라는 것을 깨닫는다.

7. 이성의 소명

믿는 사람은 자신의 모든 행위를 통해 응답하도록 부름 받았음을 느낀다고 우리는 말했다. 신이 그에게 말을 걸고 말하기 때문에 그가 부름을 받는다. 인간적 조건에 처해 있는 인간의 이성은 이러한 전체 경험과 연대적이다. 그것은 무관심한 채로 있을 수 없고 또한 대답해야만 하고 자신의 소명을 인정해야만 한다는 것을 깨닫는다.

그러나 신앙과 달리, 철학하라는 부름은 신으로부터 직접적으로 이성에게로 오지 않는다. 그 자체로서의 이성은 그리스도의 희생에 의한 신의 성별(聖別)과 천국의 약속을 인간적 피조물처럼 받아들이지 않는다. 이성은 자신에게 부여할 수 있는 가치를 고정시킬 신의 어떠한 명령도 받지 않는다. 그것은 인간과 신 사이에 허가된 관계로서 그것을 확립하는 초월적 소명을 받아들이지 않는다. 보다 간단히 말하면 그것은 자신의 소명을 받아들이지 않는다. 심지어 부름은 직접적이지 않고 이성은 우선 부름이 어떻게 자신과 관계를 맺는지를 알지 못한다.

이성은 철학하라는 부름이 경험 그 자체, 믿는 자의 인간적 경험, 자신의 조건 의식과 자신의 인간적 조건에 의해 이성이 내밀하게 연결되어 있다고 느끼는 총체적 경험으로부터 나온다는 것을 깨닫는다. 믿는 자의 삶은 그것이 무관심하게 다룰 수 없는 전체이지만, 이것은 또한 이성으로서의 이성이 직접적으로 공유할 수 없는 신과의 관계이기도 하다. 사실, 여기서 문제가 되는 것은 신적 이성이 아니라는 것을 잊지 말자. 자신의 소명, 그러므로 조건에 처한 합리성에 대한 자신의 소명을 자각해야 하는 것은 탈 절대화되고 조건에 처한 이성이다.

만일 우리가 무엇보다도 먼저 이성의 초월적 소명이란 없다는 사실에 대해 주장한다면, 이것은 이성이 다른 활동들, 예를 들면 인간에게 소명일 수 있는 다양한 일들과는 별도로 인간의 활동들 중 하나이기 때문이다. 물론 인간 전체는 자신의 모든 행위에 의해 신에게 대답하지만, 사람들이 구두를 만들고 빵을 만들 때, 그것을 신을 위해서 하는 것이 아니라 인간들이 신고 먹기 위해서 한다. 크리스천 빵 장수나 구두 장수의 소명은 잘 신고 잘 먹게 하는 것이다. 인간의 활동이나 일은 전혀 그 자체로서 초월적 소명이 아니다. 이성의 소명의 경우에도 이와 마찬가지다.

게다가 초월적 소명이라는 개념은 그 자체 용어상 모순이다. 부름을 듣기 위해서는 조건에 처해 있어야 하고, 송두리째 드러나야 하며, 불안 정한 상황에 놓여 있어야만 한다는 것을 우리는 살펴보았다.

따라서 인간의 많은 다른 경험들과는 달리, 믿는 자의 경험이 조건에 처한 이성에게 작용할 수 있는 것은 오직 부름으로써 일뿐이다. 그러나 무엇에 대한 부름인가? 부름이라는 것은 자신을 초월하라는 부름을 의미한다. 어떤 의미에서 자신의 인간적 조건을 의식하는 이성이 자신을 초월할 수 있을까? 이성에게 문제가 되는 것은 신에게 올라가는 것이나 그와의 직접적인 관계에 들어가거나 하는 것이 아니며, 문제는 더 이상 초인을 향하여 자신을 초월하는 것이 아니다. 정반대로 자신이 자신을 초월하도록 부름을 받는 것은 바로 인간 속으로 또는 인간을 향하여라는 것을 깨닫는다. 게다가 이성은 단지 부름만을 인식할 수 있을 뿐이다. 증대된 각성의 요구, 보다 예리한 자기 자각의 요구이다. 다른 모든 부름은 유혹일 것이다.

그것은 조건에 처한 이 인간성을 한층 더 명시할 수 있다. 그러나 우리는 이러한 자기 의식의 명시화가 단지 나의 어두운 층들을 조명하는 부름이 아니며, 그것은 단지 조명이 아니라 창조이며 변형이라는 것을 살펴보았다. 조건 의식 속에서 자기 관계가 확립된다. 이성이 변형되고, 인간이 변형된다. 인간의 자기 자신에 대한 포착, 그의 자기 의식이 확장되고 있다.

간단히 말하면, 믿는 자의 경험은 이성적 인간의 경험을 확장시키라는 부름, 의식과 자기 관계를 심화시키라는 부름이다. 초월은 경험의 확장 또는 의식의 확대이다. 조금씩 부름이 구체화되고 의식적이 된다. 이성은 자신이 이러한 내적 요구를 자각한다는 점에서 자신의 소명을 인식한다. 부름은 인간의 경험에서 나오고, 그 답변도 마찬가지로 변형적 확장이라는 형태로 인간의 경험에서 주어진다. 신앙 경험이 이성을 조건 지우는 소여, 그에게 제시된 그리고 이제 합리적 활동이 발휘되어야 할 새로운 "대상"이 아니라는 것은 주지의 사실이다. 신앙 경험은 이성에게는 단지 하나의 부름일 따름이다. [이것은] 인간의 경험을 확장하라는 부름, 이 경험의 인간적인 그러나 오직 인간적인 밀도를 증가시키고 자기 관계를 강화하라는 부름, 한마디로 말하면, 인간의 경험과 그의 문제 전체를 조건 의식에 비추어 재고찰하라는 부름이다.

따라서 의식적으로 인식된 이 부름에 대답하는 이성의 노력, 좀 더 간단히 말하면 이성의 소명은 신을 향하는 것이 아니라 인간을 향하여 나아가는 것이고, 이것은 점점 더 깊게 인간의 경험과 만나는 것이고, 이 경험의 무제한적인 척도로 자신의 의식을 확장하는 것이다. 이성의 소명은 이성에게 원칙적으로 무제한적인 장을 열어 준다.

이성은 신앙을 맞이하러 가지 않아서 그 무제한적 탐구 속에서 결코 신앙을 만날 수 없을 것이다. 그러므로 철학은 결코 신앙 경험의 이성적 번역일 수 없으며 자신의 무제한적 초월 속에서 종교나 신비적인 것에 점점 더 가깝게 접근하지 못한다. 자신을 초월하는 어떤 것을 흡수하는 철학의 점근선적인(asymptotique) 소멸도 신앙이나 종교적 경험과 대체되거나 그런 것을 흡수하고, 우월한 형태로 표현하고, 촉진시킬 수 있다고 간주되는 이성 속으로의 흡수도 없다.

이성의 소명은 종교, 신학 또는 종교 철학이 아니라 철학을 세우는 것이다.

이와 같이 자신의 조건 의식을 심화시키면서, 이성은 자신의 소명 의식을 전개한다. 자신이 무엇인지와 자신의 참된 상황을 자각하면서, 자신의 과제와 소명의 윤곽이 뚜렷이 드러나는 것을 본다. 그것은 철학적 기획의 의미와 방향성을 점점 더 잘 알아간다. 그것은 항상 그러했다. 인간은 자신이 어떤 사람인지를 정의하거나, 현재의 기획 속에서 자신의 조건을 자각하는 데 도달함에 비례하여 철학을 성공적으로 정의한다.

역으로 자신의 소명을 점점 더 잘 자각하면서, 이성은 한층 더 잘 자신의 인간적 조건을 명시하고 바로 그것에 의해 철학이 무엇인지를 명확히 한다.

그렇게 함으로써, 이성은 신앙을 만나지 못하며, 그것을 대신하지 못하며 그것에 의해 자신의 행동이나 자신의 소명을 규정하게 하지 못한다는 것을 우리는 언급했다. 그러나 부름으로 체험된 인간의 경험에 충실하려는 이러한 노력 속에서 신앙과 이성 사이에 세워진 장애물들(양자 모두 정신의 능력 또는 인식의 양태로 잘못 간주된)은 점진적으로 무너진다. 믿는 자의 경험과 철학자의 경험을 상호간에 양립할 수 없거나 배타적이게 할 수 있는 것이 사라지며, 하지만 그 자체로서의 이 두 가지 경험은 일치하거나 겹치는 데에 이르지 못한다. 게다가 과연 신과의 관계와 자기의 관계가 겹쳐질 수 있는가? 그러나 이성이 조건에 처해있음을 느낀다는 그 단순한 사실에 의해 이성의 경험은 신앙의 경험과 연대적이다. 전자로부터 후자로의 소환이 있다. 이성의 조건과 소명의 명시화는, 진실로 그리고 배타적으로 이성적인, 철학적 이성의 경험을 신앙의 조명 속에 두고, 그것과의 내밀한 연관을 나타나게 한다고 말할 수 있다. 그러나 이 연관은 한 의미나 다른 의미에서의 조건 지움의 연관이 아니다. 그것은 인간의 조건에 대한 공통된 관점의 명시화다. 그러나 바로 그것에 의해 인간의 이성이 인간의 경험을 신앙의 궤도 속에 들어가게 할 것이라고 말하는 것은 그릇될 것이다.

한편, 이성 그 자신의 무의식적인 층을 의식으로 가져오면서, 그들을 조건으로 인식하면서, 철학적 이성은 신앙으로 하여금 인간의 경험 속으로 더 깊게 파고들어가게 해 준다. 믿는 자의 인간적 경험이 심화된다. 이것은 신앙으로 하여금 세계에 맞닿게 해 준다고 말하는 것이다. 그런데 바로 그 태도에서 진실한 신앙은 그것이 집중하거나 다스리는 인간의 경험의 부족에 의해 빈곤해질 수 있다는 것을 누구나 알고 있다. 그러므로 이성은 신앙에게 내용, 곧 믿는 자가 자신의 응답의 소명을 발휘할 수 있는 장을 줄 것이다. 조건에 처한 이성은 바닥짐[14]의 내용물을 신앙으로 채우고 텅 빈 도식과 이론적 수단으로부터 그것을 보호할 수 있을 것이다.

그러나 만일 이제 자신의 소명을 의식하는 이성이 인간의 경험을 확장시킬 수 있다면, 이것은 단지 믿는 자를 위해서이거나 신앙을 위해서인 것만은 아닐 것이다. 조건에 처한 인간성은 또한 불신자의 인간적 경험이기도 하다.

조건에 처한 철학적 이성의 이러한 인간적 지평 위에서, 이 명시화의 작업 속에서 철학자는 믿는 자처럼 "무익한 종"과 같다고 말할 수는 없을 것이다. 물론 믿는 자는 자신의 행위들이 기쁘게 수행한 봉사이지만 신에 관한 자신의 봉사는 "무익하다"는 것을 잘 알고 있다. 인간적인 지평에서 일정한 결과들에 도달하는 철학자에게는 전혀 마찬가지가 아니다. 빵 장

---

14) 배에 실은 화물의 양이 적어 배의 균형을 유지하기 어려울 때 안전을 위해 배의 바닥에 싣는 중량물. [네이버 사전]

수나 구두 장수의 봉사처럼 그의 봉사는 신에 관해서가 아니라 인간에 관해서 평가된다. 그러므로 이성이 듣는 부름은 무익한 봉사의 부름이 아니다. 조건에 처한 이성은 자신이 신과 자신의 작업과의 관계를 이해할 수 없다는 것을 알고 있다. 그 점에서 그것은 위협이고 모험이며, 송두리째 드러나 있다. 하지만 그것은 자신의 인간과의 관계를 점점 더 잘 알고 이러한 점에서 철학적 기획의 "유익함"이 명백히 밝혀진다.

그러므로 소명의 자각은 이성을 변화시키고, 이성에게 자기 자신과 특히 인간에 대한 새로운 태도를 제공해 준다. 그것은 자기 관계를 심화시키며, 자기 관계는 단지 각성이 아니라 행위다. 그것은 단지 조건 의식일 뿐만 아니라, 소명에 의해서 표현된다. 다시 말하면 인간에 대해 이성은 과업에 관여하고 바쳐진 것으로 드러난다.

　　신앙과 달리, 이러한 소명은 복종의 소명(이성이 누구에게 복종하겠는가?)도 아니고, 단지 조건 의식의 차원에서처럼, 경험에 대한 충실한 소명도 아니다. 인간 조건에 대한 충실은 인간에 대해 관여한다. 만일 이성이 인간의 경험 전체와 연대적이라면, 만일 그것이 이러한 연대성을 의식한다면, 그것은 인간적 소명을 갖는 것이지만, 그 소명은 활동성의, 자기에 의한 자기 창조의 소명이다. 조건에 처한 이성이 관여될 때, 창조되는 것이 인간인지 아니면 창조되는 것이 이성인지를 우리는 더 이상 말할 수 없을 것이다. 이성의 소명은 더 이상 독자적인 능력의 과업이 아니라, 자신의 이성을 반대하지 않고 그것과 더불어 자신의 존재를 즐기기를 받아들이는 전체적 인간의 총체적 소명이다.

8. 이성의 보증

헌신한 이성은 자신의 과업을 의식하고 그 의미를 아는 이성이다. 이성의 관여는 새로운 형태의 보증을 함축한다.

지금까지 이성의 조건 의식 자각은 오히려 이성의 가장 내밀한 보증들의 탈가치화, 신뢰성의 상실에 의해 실행된 것처럼 보였다. 가능한 어리석음에 대한 바로 그 고찰은 가장 근본적인 이의 제기이며 그리고 이성의 그 자신에 대한 신뢰성의 근본적인 문제 제기인 것처럼 보일 수 있다. 어떤 의미에서 이것은 회의적인 불신을 넘어가는 것이었다. 이로부터 만일 이성의 존재론적 보증이 탈 절대화에 의해 빼앗긴다면, 만일 그 활동이 더 이상 자신의 능력과 정당한 권리로부터 보증된 절대적 심급의 활동이 아니라면, 만일 기준들과 보증들이 더 이상 철학적 기획의 자연적 버팀목이 아니라면, 이것은 조건 의식이 근본적인 불확실성과 그 자신의 실행에 대한 이성의 총체적인 불신과 함께 나란히 나아간다는 것을 말하는 것이 아닌가? 의미와 양심을 괄호침, 곧 가능한 어리석음의 공격으로부터 자신을 지킬 수 없음은 의혹의 한계들에 이르기까지 송두리째 드러난 이성으로 우리를 인도한 것으로 보인다. 이제부터 철학은 자신의 연구와 주장들의 정당성을 무엇에 근거할 수 있는가?

하지만 이의 제기는 회의적인 의심하기를 의미하지 않는다는 것, 의미를 괄호침은 비합리주의를 뜻하지 않는다는 것, 있을 법하지 않은 어리석음의 가능성을 제거할 수 없음은 전혀 이성이 무능하다고 비난하거나 무능함을 인정하게 하는 것을 겨냥하는 것이 아니라, 이성의 조건의 점진적인 자각으로 인도했다는 것을 이미 확인할 수 있었다. 탈 절대화는 상대주의의 방향으로 나아가지 않았으며, 그것은 이성의 무기력으로부터도 무능으로부터도 발생하지 않았다.

게다가 이성이 자신의 소명 의식에 이르기까지 계속해서 밀고 나아
갈 때, 그것이 무관심의 불가능성에 직면해 있음을 살펴보았다. 그러므로
이성의 관여의 운동은 불가지론과는 반대 방향으로 나아간다.

그러나 특히 신뢰의 상실인 것처럼 보일 수 있는 것은 단지 이성의
근거 없는 보증들의 상실뿐이었다. 상실이라는 단어는 여기서 만일 이성
이 훼손되거나 절단되었다고 이해된다면 거의 적합하지 않다. 실제로 모
든 정복당한 무의식, 드러나고 공표된 근거 없는 모든 보증, 흩어진 자아
에 대한 모든 환상은 이성과 그 기초의 강화다. 뿌리 깊은 환상이 한번 사
라지면, 지면이 꺼져 들어가는 것으로 보일 수 있다. 사실 거짓된 버팀목
은 덧없지는 않다해도 안전장치는 아니다. 이어서 그것은 당신에게 고된
각성이나 회복할 수 없는 추락을 남겨놓는다.

말하자면 이성은 자신의 존재론적 신뢰성을 빼앗긴다. 그 신뢰성은
이성과 현실 사이에 자명한 것이 되는 자연적 일치에 더 이상 근거할 수
없다. 자신감, 자폐적 신뢰성, 자기 나름대로는 현명하며 진리를 지닌다
는 이성의 내적인 보증도 마찬가지다.

송두리째 드러나고 탈 절대화된 이성은 단지 송두리째 드러난 신뢰
성, 곧 궁극적인 불확실성과 대등한 신뢰성만을 인식할 수 있을 뿐이다.
그것을 이해해야 하는 것은 정확히 소명과 관여로부터다. 소명이 근거하
는 것은 보증, 주어진 일치가 아니라 부름이다. 이성의 신뢰성은 이러한
유형에서 비롯되며, 그것은 존재에 근거하는 것이 아니라, 인간을 존재
속에 새기며 그의 의식의 장을 확장한다. 이성이 자신의 기획 속에서 자
신감을 가질 수 있는 것은 그 일치가 존재하거나 자명하기 때문이 아니
다. 이제부터 그와 정반대다. 관여가 신뢰성을 낳고 소명은 이성의 보증

을 세운다. 의식의 확장은 이성의 확장이며 근거 없는 보증들의 제거다. 그러므로 그것은 또한 인식된 자신의 소명에 따른 이성의 신뢰성의 점진적인 확장이기도 하다.

마찬가지로 일을 선택하고, 결혼을 약속하는 데, 인간은 투신하고 관여한다. 보증에 대한 믿음 위에서 그가 그렇게 하는 것은 아니지만 그의 관여의 정도는 그의 기획을 보증할 것이다. 나는 선택에 의해서 배제한 가능성들에 대해 무제한적으로 자문할 수 있으며, 나는 내가 정말로 상인, 탐험가 또는 정치가가 되기 위해 만들어지지 않았다는 확신을 가질 수 없고, 만일 내가 다른 길에 진입하고 있다면, 이것은 소명의 위험을 무릅쓰는 것이다. 그러나 인수된, 의식적으로 인식된 소명은 신뢰감을 일깨우고 그 절차를 보증한다.

소명의 신뢰성은 보증 없는 신뢰성 또는 자기 자신에 따라서 세워야 하는 무모한 보증이다. 일종의 기능적인 또는 작용적인 신뢰성이요, 전진하는 탐험가의, 의식적으로 위험한 행동을 하는 군인의, 전대미문의 길을 내는 발명가의 신뢰성이다.

이 신뢰성은 다른 각도에서 진술될 수 있다. 어떠한 회의주의도 철저한 이의 제기 속에 있지 않다고 우리는 말했다. 사실 이의 제기를 굽히지 않고 아주 멀리 밀고 나가기 위해서는 이성에 대한 확고부동한 신뢰성이 필요하다. 근본화와 탈 절대화의 요구는 "세워지지" 않은 내적인 신뢰(내가 존재 속에서 듣는다.)에 의해, 그 탈출구가 전혀 보장되지 않는 기획 속의 관여인, 인수된 위험에 의해 그 자체가 이미 배태되어 있다.

이러한 근본성으로 환상과 무의식에서 빠져나오기를 결정하기 위해서는 적어도 이성에 대해서 절망해서는 안 된다. 하지만 이 소망은 무엇에 근거하는가? 사람들이 그것을 조금씩 깨닫는 바, 그 소망은 그것에 의해 조금씩 분명해지거나 의식적이 되는 소명 또는 관여에만 근거할 수 있을 뿐이다.

이것은 하나의 순환이 아닌가? 게다가 근거 없는 존재론적 보증을 근거 없는 관여와 소명의 보증으로 바꿀 만한 가치가 있는가? 이와 같이 문제를 제기하는 것은 속임수다. 가장 많이 보증된 신뢰성에 관여하기 위해 두 가지 신뢰성을 비교하지는 말자. 우리에게 조금씩 새로운 신뢰성을 드러내 주는 의식의 명시화의 노선을 따라가보자. 그런데 이 이차적 보증이 일차적 보증에 못지않게 근거 지워져 있다고 말할 수 있는 것은 오직 존재론적인 것으로, 이성과 현실적인 것 사이의 일치에 근거하는 것으로 간주된 보증에 의해서만이라고 말할 수 있을 뿐이다. 그러나 정확히 조건에 대한 자각은 우리로 하여금 새로운 맥락에서 철학의 근본적인 개념들이나 중심적인 문제들을 재고하지 않을 수 없게 한다. 여기서 이성의 자기 자신에 대한 신뢰는 그 자체가, 송두리째 드러난 신뢰라고 부르는 바, 조건에 처한 신뢰(조건적 신뢰가 아니다!)라는 것을 발견한다. 정확히 말하면, 인간적 조건에 처한 신뢰다. 이것은 이 보증이 존재론적이라기보다는 순전히 인간적이라는 것을 말하는 것이다.

이성과 궁극적 실재 사이의 최종적 일치의, 또는 신뢰-소명이나 조건에 처한 신뢰에 근거하는 새로운 존재론적 신뢰의 문제는 인간적인 것과 철학의 지평을 넘어선다. 신앙의 지평에서, 다시 말하면 신과의 관계 속에서, 믿는 자는 이러한 일치를 기대할 수 있다. 완전히 종말론적인 기대는 신앙에서는 정당하다. 하지만 철학이나 추론하는 인간의 지평에서 이러한 일치는 설립될 수 없다. 그리고 이 (종말론적인) 기대는 그것이 신과의 관계 문제가 아니라 자기와의 관계의 문제이기 때문에 이성의 지평에서는 아무런 효력도 갖지 못한다. 이 최종적인 기대를 인식하지 못하기 때문에, 조건에 처한 이성은 존재론적인 모든 신뢰가 박탈된다. 그러나 그 조건에 처한 신뢰는 아마도 이성의 소명의 지평 위에서 믿는 자에게, 신앙의 소명으로 그 기대가 나타내는 것을 표현할 것이다.

철학자들의 즐거움과 마찬가지로, 신뢰는 자신의 조건의 체질에 파고 들어 가면서 관여하는, 강한 이성의 발현이다. 신뢰는 더 이상 이성의 지지 자가 되지 못한다. 이성은 더 이상 삶에 대한 보증으로 작용하지 않는다.

9. 이성의 자유

이성의 자유도 이성의 보증과 다를 것이 없다. 첫눈에 보기에 관여는 이 성이 거리낌 없는 행사를 위해 요구하는 자유와 거의 양립할 수 없는 것 으로 보일 수 있다. 이것은 자신의 자유를 스스로 포기하게 하는 방법이 아닌가? 관여와 소명 의식 속에는 이상하게도 필연성과 닮아 있는 일종 의 달리 얻을 수 없음(aliter non possum)[15]이 있지 않은가?

이성의 자율성은 공평무사한 비판에 그것을 예속시키기 위해서 모 든 상황으로부터 매 순간 자신을 분리시키는 능력을 전제하지 않는가? 관여한 이성은 관계를 맺는 것에 동의하는, 필연적 자유를 개의치 않는 이성이 아닌가?

---

15) [역주] 테브나즈는 여기서 지혜서 8장 21절("그러나 지혜는 하느님께서 주지 않으시면 달리 얻 을 수 없음을 깨달았다. 지혜가 누구의 선물인지 아는 것부터가 예지의 덕분이다. 그래서 나는 주 님께 호소하고 간청하여 마음을 다하여 아뢰었다.")을 염두에 두고 있다. 지혜서는 구약성서 외 경 중의 한 권이며, 가톨릭에서는 제2 정경(正經)으로 채택하고 있다.

이성의 자폐성을 기술하면서, 이성의 자율성이 자족과 혼동되어서는 안 된다는 것을 이미 보여 주었다. 이성은 자신에게 외적인 권위로부터 명령을 받을 수 없지만(그렇지 않다면 이성은 자기 자신을 배반하며 이성이기를 그만둔다.), 그것이 자연적으로 이성이 경험에 열릴 수 없고, 그것에 의해 이의 제기될 수 없으며, 그것에 의해 부름 받음을 느끼지 못한다는 것 등등을 의미하는 것은 아니다. 경험을 지배하는 절대적 심급으로 간주되는 이성의 자족은 부정직한 자율성이며 우리는 그것이 필연적으로 자신을 자기 무의식의 결정론에 내어주는 자폐성에 빠진다는 것을 살펴보았다.

우리의 노력은 정확히 이성의 자폐성을 극복하기 위한, 무의식의 지배들로부터 그것을 해방시키기 위한 근본적인 시도로 이루어진다. 이러한 점에서 "그건 자명하다."는 것 또는 자기 무지에 대해 쟁취한 모든 승리, 곧 자기 의식의 모든 각성과 모든 명시화는 이성에게는 이미 해방이다.

게다가 본질에 대한 고려로부터 조건에 대한 고려로 이행하는 것은 자신의 본성 또는 본질인 것에 의해서가 아니라 자신의 조건 의식과 자신의 활동성 그 자체에 의해 이성의 활동성을 명시하고자 기도하는 것이다. 이러한 의미에서 이성의 바로 그 본질의 속성에 대해서와 마찬가지로 이성의 자유에 대해서 말하는 것은 어려운 일이 된다. 이제는 행동으로 또는 행동 속에서 해방이나 자유에 대해서 말하는 것만이 바람직할 것이다.

그러나 이성의 조건과 소명에 대한 우리의 분석은 이성의 무관심의 불가능성으로 우리를 인도했다. 바로 여기서부터 자유의 문제에 대해 이의를 제기해야 한다. 이성의 자율성에 대한 고전적 시각(고대와 중세에는 생소한, 하지만 근대적인 개념)은 이성이 자신의 판단을 중지하고 모든 상황을 판단하기 위해 그것으로부터 자신을 분리시키고, 떨어뜨리는 능력을 자신 안에 간직하고 있다는 것을 함축한다. 비록 여기에서 문제가 되는 것이 필연적으로 무관심의 자유는 아닐지라도, 그래도 이성이 자신의 무관심의 가능성, 자신의 중립성과, 자신이 그렇게 생각하는 바, 자신의 본질적 자유의 조건을 간직하고 싶어한다는 것 역시 사실이다. 그러나 우리는 이 개념이 이성-심급과 판단자의 개념과 자폐적이고 탈 절대화되지 않은 이성의 개념과 얼마나 연대적인지를 충분히 지적했다. 탈 절대화된 그리고 조건에 처한 이성이 이러한 자족적인 자유를 "누릴"줄 알지 못한다는 것은 분명하다.

마찬가지로 관여하고 헌신하는 이성은 더는 이러한 무관심을 알지 못한다는 것도 분명하다. 이것은 그로부터 이성이 자신의 자율성을 희생했다는 것과 이성이 자신이 들은 부름에 의해 조건 지워진다는 것, 그리고 이성이 자신의 바로 그 관여에 의해, 주관성의 함정 속에 빠진다는 것을 뜻하는가?

그것은 사실이 아니다. 그러나 그것은 정확히 이성의 자유가 더는 이전과 동일한 것이 아니라는 것을 또는 오히려 이성이 자신의 자유를 다른 눈으로 본다는 것을 의미한다. 보증과 다른 많은 것의 개념과 마찬가지로, 자유라는 바로 그 개념이 탈 절대화된 이성에게는 변형된다. 그리고 밝혀지는 것은 바로 관여한 자유 또는 조건에 처한 자유(조건들 하에서가 아니라)라는 개념이다. 따라서 문제는 더는 자유로운 것이 인간인지 아니면 이성인지를, 자유가 이성의 본질 속에 새겨져 있는지를 아는 것이 아니다. 이 경우에 행위는 본질의 이러한 풍부함의 활용 또는 실행과 같을 것이며 자유의 문제는 행위의 문제가 아니라 존재론적 또는 이론적 문제일 것이다.

게다가 자유는 가능한 것 속에 자리를 잡지 않을 것이다. 베르그송은 명백한 비판에 의해서 가능한 것이나 무관심의 환상 또는 현실적인 것과 실제적인 것이 나오는 행위 중지의 환상을 단념했다. 자유는 선택 속에도 결정 이전의 무관심 속에도 있지 않을 것이다.

송두리째 드러난 이성이 자신의 자유를 발견할 수 있는 것은 오직 관여 속에서뿐이다. [그것은] 무관심한 선택의 능력이나 잠재력 안에 있는 것이 아니라 자신의 결정의 힘 속에 있다. 만일 자유가 행위 속에 있다면, 가장 결연한, 가장 "단호한" 행위가 가장 자유로운 것이 될 것이다. 이성이 관여하고 있기 때문에 이성은 자유롭다고 말하지는 말자. 이것은 의미가 없게 될 것이다. 그러나 물론 관여가 자기 의식의 촉진 또는 명시화이기 때문에, 이성은 관여하면서 자유롭게 된다.

우리는 관여 속에 소명과 이성의 내적인 융합이 있다는 것을 이미 지적했다. 바로 그 관여에 의해서 이성과 의지가 공외연적이 된다는 점에서 자유가 창조되는 것은 정확히 행위의 호된 시련 속에서다. 그러므로 행할 것을 가장 많이 결정한, 가장 많이 관여한 이성이, 가장 자유로울 것이다. 자유는, 데카르트가 알아차렸듯이, 무관심의 반대편에 있다. 자유는 행위의 기원이 아니라 관여가 이성의 바로 그 행위에 부여하는 새로운 차원과 같다.

관여 없는 이성은 결정론의 공격에 대해서 송두리째 드러나고 노출된, 그러므로 무방비인 채로 있을 것이다. 자신의 가치와 궁극적 실재와의 일치가 불확실하며, 어리석다고 평가받은 이성은 자족적 자율이 사라지는 것을 본다. 그러나 오직 관여와 소명의 자각만이 그에게 자유를 되돌려준다.

단지 이전의 모습이었던 조건 의식에 관여하면서 이성은 소명 의식이 되며, 이전의 모습이었던 자기 의식으로부터 [이성은] 자기 의지가 된다. 관여 속에서 반성적 자아는 자신의 행위에 의해 자기 자신에게 폭로되고 드러나며, 자기 관계를 심화시킨다. 무의식의 층들이 사라진다. 완전히 이성이자 의지인 의식이 분출하고 해방된다. 그러나 그것은 조건에 처한 이성으로 있다. 탈 절대화된 이성은 완벽하게 자신의 자폐성을 꿰뚫을 수는 없다. 그것은 자기 자신에게 대해 송두리째 드러나기를 그만둘 수 없다. 그것은 다시금 자기 자신에 본유적이 될 수는 없을 것이다. 마치 그 자연적인 자기 의식처럼, 이성 그 자신에게 전적으로 투명하다고 간주되는 이성의 자율성은 더 이상 가능하지 않다. 자율성은 참으로 숙지된 자기 의식의 일부가 될 수 없다. 이성이 아주 명백하게 자신을 자율적이라고 보는 것은 오직 자신의 조건과 자기 자신을 완전하게 자각하면서, 이성이 군데군데 반투명성인 새로운 본유성 안에 자기 관계를 흡수하는 데 성공할 때뿐이다. 이 때 이성은 송두리째 드러나고 자기 관계이며 조건에 처하기를 그만두게 될 것이다. 이성은 자유로울 것이다. 이성의 자유는 자율적인 것이 될 것이다. 그러나 자기를 완전하게 의식하는 이성은 이론적 가설이요, 종말론적 기대(얼굴에 얼굴을 맞대고 보는 것)[16]일 뿐이며, 그것은 당분간 무의식의 유혹일 뿐이다. 이성의 현실적인 경험 속에 그것이 근거가 있다고 말하게 해주는 것과 이성이 자기 자신에 대해 할 수 있는 진정한 경험 속에서 이성의 현실적이고 참다운 조건에 관하여 말하게 해 주는 것은 아무것도 없다.

그러므로 이성에게 있어서 관여는 전혀 자아 속으로 빠져 들어가며

---

16) [역주] 고린도전서 13장 12절 참조.

눈이 멀게 되거나 새로운 무의식과 새로운 속박 속에 소외되는 방식이 아니다. 그것은 자신의 자폐성으로부터 나가고 음흉하게 침투하고 있는 주관성의 틀들을 부수고 자기 자신에 대해 기본적인 객관성을 재정복하는 유일한 방식이다. 탈 절대화된 이성의 자기 관계는 유익한 해방이요, 자기에 관하여 거리를 두는 것이다.

소명의 경험은 자율성의 자폐적인 개념이 감추고 싶었던 이성의 절대적으로 자족적인 주도권과 같은 부류 속에 자유가 있지 않다는 것을 이성에게 보여 준다.

자유와 시초 사이의 결탁은 다소 꾸며낸 것으로 보인다. 만일 자유가 행위 앞에 있지 않다면, 그것은 더는 절대적 기원이거나 근본적 시초일 필요가 없고, 그것은 진정한 자유이기 위해 창조주 하나님의 의지(fiat)일 필요가 없다. 응답의 행위는 주도권의 행위만큼이나 자유로울 수 있으며, 비록 응답의 행위가 인간적인 조건을 바꾸지 않고 통합할 줄을 알았던 행위일지라도, 그것은 보다 해방적이기 때문에 보다 자유로운 행위일 것이다.

르끼에(Lequier)가 말했던 자유로운 하나님의 의지의 신비는 오히려 부름에 대한 (자유로운!) 응답의 신비도, 시초의 신비도 아닌 관여의 신비 또는 송두리째 드러난 이성이라는 표현이 나타냈던 신비의 부분이 아닐까? 사람들은 인간의 모든 자유를 절대적인 주도권 속에, 창조적인 신의 행위(데카르트와 르끼에)와 비견되는 거의 신적인 행위 속에, 절대 주체의 침범되지 않은 자기성(l'aséité) 속에 집중시키고자 했다.

자유는 정반대로 인간이 자기 자신에게 불투명하기 때문에 자신이 송두리째 드러난 곳에서 분출한다.

그래도 이성이 인간 안에서 주도권과 자율성의 능력으로 있다는 것은 변함이 없다.

그러나 절대적인 주도권과 조건에 처한 주도권 사이에는 상당한 거리가 있다. 한편으로 주도권은 본질 그 자체의, 절대적 주체의 능력이요, 다른 한편으로 그것은 주도권의 응답과 소명이다. 주도권은 응답이며 책임성으로만 존재할 수 있을 뿐이다.

10. 관여하는 이성

조건에 처한 이성은 부름 받았음을 느끼고 응답하는 이성이다. 이제 우리는 조건 의식이 소명 의식으로 심화되는 것을 눈치챈다. 우리는 믿는 사람이 지각하는 부름, 직접적인 부름이 아니라 인간의 경험에 의한 부름이 어떻게 이성과 관계를 맺을 수 있는지를 알고 있다. 그것의 대답이 무엇인지, 어떻게 그것이 단지 인간과 동일 선상에 있을 뿐이며 어떻게 그것이 정확히 소명인지를 우리는 알고 있다.

그러므로 기독교적 조건에 처한 이성은 관여하는 이성, 다시 말하면 헌신하고 응답하는 이성이며, 근본적인 이의 제기에 의해 위협당한, 자신에게 부여될 권위에 굴종하거나 복종하고 싶어하는 소심한 이성이 아니라, 정반대로 대담하고 거침없는, 마치 그 자신이 전복되었던 것처럼 전복할 준비가 되어 있는 이성이다. 나는 보다 견고하고 아마도 보다 날카로운 불시험에 연단된 이성을 말하고 싶다. 각성과 특히 의식을 높이 평가하는 능력들과 보증들에 대해 의심을 품는, 자기 자신을 지배하는 그리고 거만하($\ddot{\upsilon}\beta\rho\iota\varsigma$)지 않게 자신의 조건을 평가하는 이성을 말하고 싶다.

그러나 그 냉정과 결의는 비장한 또는 화려한 죽음을 향한 도약(salto mortale)에 이르기까지 나아가지 않을 것이며, 그 관여는 내기를 거는 데까지 위험을 무릅쓰고 나가지는 않을 것이다. 내기가 생각할 수 있고 또 가능한 것은 정확하게 그 자신의 것이 아닌 퓌론의 회의주의의 토대 위에 서만이다. 이성은 내기를 하지 않고, 결단코 내기를 하지 않으며, 자신의 관여와 소명을 자각한다. 자신의 조건을 인식하는 것은 정확히 희망하는 해결책이다. 내기는 조건에 대한 멸시이며 진공 속으로, 자신의 상황 밖으로의 도약이다. 만일 인간 조건이 회의주의의 토대 위에 새겨져 있다고 그리고 회의적인 이성 또는 이성에 대한 회의주의 그 자체가 기만적인 절대주의의 분명한 신호라고 생각한다면, 내기 속에 인간 조건에 대한 분리와 도전의 태도가 있다는 것은 그리 놀라운 일이 아닐 것이다. 내기와 퓌론의 회의주의는 절대적 이성의 측면에서 비롯된 것이고, 관여, 소명, 조건은 탈 절대화된 이성의 측면에서 비롯된 것이다.

이성이 어떻게 관여하고 있는가? 인간 자신 또는 인간의 경험과 다른 어떤 것으로도 아니다. 관여라는 단어의 의미가 바로 그것이다. 초월적인 것, 신적인 것, 가지적인 하늘과 상기의 세계 속에 잠기는 그리스적 또는 플라톤적 이성이 이 신적인 세계에 관여되고 있으며 부름이나 소명이 바로 거기에 있다(또는 그때 관여의 두 대립된 의미들, 부름 또는 소명을 구별해야만 할 것이다.)라고는 우리가 말하지 않을 것이다. 그런데 인간의 경험 속에 관여하고 있다는 것을 인식할 때, 이성은 자신에게 그리고 오직 자신에게만 운명지어져 있음을 느낀다. [그것은] 초월적인 운명으로 또는 수렁이나 육체-무덤 또는 비합리적 동물성으로부터 인간을 구출하라고 부름받은 것이 아니라 인간에 의해 인간으로 부름을 받았다.

그러나 그것은 또한 반대 방향으로 표현될 수도 있다. 이 이성으로 하여

금 구원, 곧 자신을 인도하고 무지나 오류의 노예 상태를 피하게 할 초월
적인 권위를 쟁취하기 위해서가 아니라, 이 지평 위에서도 역시 믿는 자
의 (모든 활동 속에 관여하고 있는) 그 운명을 향유하기 위해서, 믿는 자는
자신의 이성으로 관여하고, 또한 이성의 지평 위에서 부름을 받는다는 것
을 자각한다. 이성은 응답할 무언가를 갖고 있다. 믿는 자는 어느 누구와
도 다르게 추론하는 것이 아니다. 그의 언어는 각자의 언어이고, 그의 추
론 과정들은 동일한 것들이며(그와 다른 것이 없다.), 적어도 생생한 진리
에 대한 그의 관심 또한 동일한 것이다. 그러나 그의 이성은 자기 자신을
달리 보며 그리고 그 안에 관여한다는 것은 믿는 자에게는 또한 자신을
새로운 눈으로 보는 법을 안다는 것이다.

관여하는 이성은 응답하거나 책임이 있다.
. . . .

관여하는 이성은 자유로운 또는 해방된 이성이다.

. . . .

제2장_ 이성의 소명

1. 소명의 명시화

믿는 자의 인간적인 경험은 자신의 이성에 대한 부름처럼 작용하고 그것을 자극하여, 자신의 소명과 이제 소명으로 이해된 자신의 조건을 자각하게 한다. 그러나 이 소명은 믿는 자의 경험에서 나오기 때문에, 그것이 비록 신앙적인 분위기 속에 잠길지라도, 신과 신에 대한 이성적인 탐구로 향하는 것이 아니라 인간으로 향한다는 것을 우리는 살펴보았다. 이 인간적인 경험을 심화시키고, 이러한 경험에 따라 자신의 의식을 확장시키는 것이 관건이다.

그러므로 자신의 인간적 조건을 자각한다는 것은 이제 이성에게는 인간이 자신의 "조건"일 뿐만 아니라 자신의 소명이기도 하다는 것을 자각하는 것을 의미한다. 아마도 이성이 불행하게도 인간적 조건에 있다고, 그리고 바로 거기에 자신의 한계와 실천의 불가피성이 있다고 보일 수 있을지도 모른다. 이것은 마치 이성이 다른 운명으로 부름 받았다고 여기는 것과 같으며 무자비한 우연성들이 그것을 인간에 묶어 놓은 것으로 보일 수 있을지도 모른다. 반대로, 믿는 자의 경험은 이 조건을 소명으로 변화시키는 경향이 있다. 이성은 달리 부름 받은 게 아니라 인간을 향하여 나아가고 모든 것은 이성으로 하여금 점점 더 충만하게 그것과 만나도록 초

대한다. 이와 같이 소명은 조건의 바로 그 의미를 명시하고 믿는 자의 경험은 이러한 조건을 운명 지워진 조건으로 삼는다.

그러나 소명 그 자체는, 만일 그것이 부름이라면, 다시 말하면 자신을 초월하라는 부름이라면, 명시될 수 있고 또 명시되어야 할 것이다. 소명…… 명확히 되고 소명이 되면 될수록, 이성은 점점 더 인간의 소명이 정확히 자신의 소명을 심화시키는 것임을 자각한다. 모든 자각과 마찬가지로 그것은 자신의 자각의 자각이요 행위로 반성된 의식이다.

소명 의식이 점점 더 명시하는 것은 믿는 자와 그의 총체적인 경험과의 관계, 그러므로 한마디로 말하면 신앙과의 관계다. 그러나 이성과 신앙의 관계의 고전적이고 아주 논쟁적인 문제는 여기에서 새로운 관점으로 보이는데, 이는 더 이상 인식의 두 양태를 대립시키지 않기 때문인 것으로 보인다. 접속 또는 좀 더 정확히 말하면 접속의 부름이 이루어지는 것은 바로 믿는 자의 경험을 통해서다. 신앙과의 관계는 초월적 인식 양태나 초월적 실재, 곧 신과의 관계를 표현하지 않는다. 여기에서는 오직 인간의 경험과 인간의 경험으로서의 신앙만이 문제가 된다. 그러나 믿는 자의 이 경험은 이성 안에 새로운 자기 자신에 대한 의식을 불러일으킨다. 이것은 부름받고 헌신한 이성 그 자신이 신앙으로부터 생명력이 불어넣어진다는 것을 말하는 것인가? 아니면 이와 반대로 오히려 이성의 불신앙에 대해 말해야 하는가? 이 부름 속에서 그 용어의 기독교적인 의미에서 이성의 전환이 일어나며 이성의 죄에 대해서 말할 수 있는가? 이성의 소명과 그것을 믿는 자의 경험과의 관계를 보다 잘 명시하게 해주는 많은 질문들이 있다.

게다가 소명으로 인수된 이러한 조건은 어떻게 이성의 가능한 어리석음의 문제를 명확히 밝혀 주는가? 이 점에 관해 우리는 전진했는가?

2. 이성의 전환인가?

신앙 경험은 전환이다. 비록 많은 팔목할 만한 "전환들"에서처럼, 인생이 갑작스럽게 완전히 변화되지는 않을지라도, 그래도 옛사람과 새사람이 역시 있고, 그래도 근본적인 영향력이 또한 수행되고 있다. 사슬이 깨졌다고 성 아우구스티누스는 말했다. 바로 여기에서 모든 것은 새롭게 된다. 지금까지 인간은 이것저것을 했고 이제 그의 인생은 변화되었다. 그는 달리 행동하거나 만일 그가 계속 똑같은 행동을 수행한다면, 그 정신이 변했다. 그러므로 인간의 행동이 변형되었다. 인간은 신을 바라보고, 십자가에 못 박힌 그리스도의 사건은 그와 직접적으로 관련이 있으며, 그리스도는 따라서 살아 있다.

이제 그것과 비교할 수 있는 이성의 전환에 대해 말할 수 있을까? 만일 이성이 인간적이고 인간의 모든 경험과 연대적이라면, 이것은 변화된 인간에게, 변화된 이성이라고 말하는 것이 아닐까? 이것은 자연적 대상들을 향하고 있고 오직 그것들을 인식하는 데 몰두하고 있는 이성이 신을 향하고 있으며 새로운 대상, 곧 그것으로 하여금 모든 것을 재고찰하지 않을 수 없게 하는 새로운 원리를 발견했다는 것을 말하는 것인가?

아니면 그것은 그 방법에서 무엇인가를 변화시켰는가? 지금까지 이성이 구세주(Deus ex machina)가 개입하지 못하게 하는 데 관심을 갖고 있는, 주의 깊고 비판적인 이성이 나아가는 유일하게 정직한 방법인, 인간과 그의 인식하는 방법으로부터 출발했지만, 이제부터 신이 먼저라는 것, 신앙이 신의 우월성의 인정이라는 것을 이해하거나 또는 경험할 때, 이성은 자신의 방법을 전복하고 신으로부터 출발해야 한다는 것을 이해한다고 생각해야 하는가?

우선 이성의 전환이라는 개념이 철학에서 낯설은 것이 아니라는 것을 주목하자. 현실적 대상들과 진리의 빛을 명상하기 위해 의견을 180° 바꾸게 하는 플라톤의 동굴의 죄수 이래로 "자연의 경사를 거슬러 올라가"게 하기 위해 보고 의지하는 능력을 왜곡한 베르그송에 이르기까지 전환은 얼마든지 있다. 철학자가 생성에서 존재로, 의견에서 지식으로, 상상력에서 오성으로 시간에서 영원으로(sub specie aeeternitatis), 추상적인 것에서 구체적인 것으로, 경험적인 것에서 지적인 것으로 이행한다면―그가 자신의 판단을 중지한다면, (멘느 드 비랑의 의미에서) 그가 "반성한다"면, 그가 현상학적 환원에 착수한다면, 또는 특히 그가 칸트의 코페르니쿠스적 전회에 착수한다면, 매번 우리는 거기에서 이성의 전환을 갖는 것이 아닌가?

실제로 이러한 철학적인 핸들 조작, 철학사 속에서 새로운 위대한 방법 또는 위대한 혁명의 제창자들은 인간을 이성으로 전환시키는 것만큼 이성을 전환시키는 것을 겨냥하지 않는다. 감각적인 것, 동굴, 수렁, 생성 또는 상상력의 위력 속에서 길을 잃은 인간은 이성인, 이성적 실재를 향해 나아가야만 할 것이다. 그의 이성은 더 이상 빗나가지도 뒤틀리지도 않을 것이다. 그것은 진정한 실재 또는 진리를 볼 것이다. 철학자가 이와 같이 아주 흔쾌히 검토해 보는 것은 이성의 전환이라기보다는 이성으로의 전환이다. 따라서 이성을 새로운 방법으로 전환하는 것, 너무나 뿌리 깊은 자연적 태도에서 그것을 분리시키는 것이 관건일 것이다. 따라서 이성의 전환은 방법의 전환일 것이다. 철학은 또한 이성의 신적인 것으로의 또는 신으로의 전환을 알고 있으며, 이것은 플라톤이나 신플라톤 학파의 기획의 방향이다. 이것은 아우구스티누스주의와 말브랑슈주의의 방향이다. 신에 의해 조명된 이성이다. 따라서 문제는 이성이 신적인 기원으로부터 비롯된다는 것을 인정하는 것이다.

앞에서 그것을 충분히 반복했듯이, 인간의 경험에서 오는 이성의 부름은 그것이 향하여 나아가고 있는 바로 그 인간의 조건이다. 만일 우리가 전환에 대해 말해야 한다면, 그것은 이성의 인간적인 것으로의 전환일 것이다. 자신을 신으로 전환시키는 것이 아니라, 다시 말하면 초월적인 대상 또는 초자연적인 원리를 향하여 나아가는 것이 아니라, 이성은 오히려 자신의 소명이 이 세상에, 차안에, 자연에 그리고 인간과 동일 선상에 있다는 것을 인식하기 위해 자신의 신적인 주장들과 피안을 단념한다. 이것이 실제적인 전환이다. 하지만 그것은 이성에게 어떤 새로운 영역도 열어 주지 못하며, 어떤 새로운 대상도 드러내지 못하며 어떤 새로운 방법도 가르쳐 주지 못한다. 이성은 이미 인간과 자연에 관심을 갖고 있지만, 자신이 그들의 신적인 지위 향상의 도구여야 한다고 생각했다. 그리고 다른 한편 자신의 이성을 합리적으로 인도하는 방법들이 여러 가지가 있는 것은 아니다. 혁명이 관계하는 것은 오직 이성의 조건일 뿐이다. 그 대상에 대해서(보다 의식적으로 인간 홀로 이 세상에 있다는 것 말고는) 뿐만 아니라, 그 방법에 대해서도, 그 발휘에 대해서도 변한 것은 아무것도 없다.

인간적인 것으로의 전환은 자기 관계의 또 다른 이름이라고 짐작된다. 자기 의식과 조건 의식을 구성하는 이 자기 관계는 인간적인 것으로의 복귀와, 그 말의 본래의 뜻으로 모든 자기 의식을 특징지우는 반성 운동을 나타낸다. 인간적인 것으로의 전환은 인간적인 것의 회복, 인간의 "반복"이다.

따라서 이성의 전환은 자연적이고 인간적인 이성이라는 그 특징의 강화요 강조만을 의미할 뿐이다. 그러므로 그 용어의 최고의 의미에서 이 것은 철학적 전환이다. 우리는 그 용어의 어원적인 의미에서 기꺼이 메타노이아에 대해서 말한다. 정신(nous)의 조건이 근본적으로 변화된다. 그러나 거기에서 이성의 도덕적 변화, 곧 회개나 변화된 "마음"을 보는 것은 불가능하다. 게다가 신에게 회개하기 또는 내맡김일 이성의 전환은 자살, 지적인 희생일 것이다. 이러한 전환은 철학적 지평에서는 존재할 수 없다. 그것은 철학의 종말을 의미할 뿐만 아니라 간단히 말해서 이성의 종말을 의미할 것이다. 한편 조건 의식 속에서의 이러한 철학적 전환은 믿는 자의 경험의 맥락에서 철학이 전환, 또는 말하자면 형이상학이기보다는 메타노에틱, 간단히 말하면 오성의 개혁일 뿐일 수 있다는 것을 우리에게 보여 준다. 철학은 항상 이성의 개혁으로 시작하지만, 프로테스탄트 철학은 오성의 필요 불가결한 개혁이 실현하는 바로 그 유형의 전환 속에서 자신의 독창성을 발견할 것이다.

3. 이성의 신앙인가?

이것은 이성이 이제 믿는 자의 경험에 관여한다는, 그리고 전환된 이성 그 자신이 신의 말씀의 권위에 예속되고 신에게 복종한다는 말인가? 이성과 진리의 관계가 변했는가? 이성적 요구에 대한 복종이었던 진리의 고수가 신앙 관계, 곧 진리에 대한 헌신, 복종이 될 것인가? 이성은 말씀 또는 오히려 신의 말씀에 대해 그 진리를 신뢰하는가? 이전에는 진리라고 간주했던 모든 것에 이성적인 정당성과 필증적인 근거들, 논증들을 요구했던 반면에, 그것은 이제 이성적인 근거 없이 그리고 문제가 제기되지 않은 인간의 경험에 의지하여 신을 인정하는가?

다시 말하지만, 이것이 사실이라면, 이성은 이성이기를 그만두고 철학은 수명을 다하게 될 것이다.

탈 절대화된 이성은 신과 직접적인 관계를 맺고 있지 않다. 신은 곧장 그것을 문제시하는 질문을 통해 그것에게 말하지 않는다. 신은 인간 전체에게 말할 따름이다. 그는 이성을 포기하면서 신앙에 호소하지 않으며, 신앙은 다른 능력들과는 별개의 인간의 한 능력이 아니고, 총체적 인간의 총체적 응답, 곧 신에게 말해진 직접적인 예(oui)이다. 오직 인간 경험의 매개를 통해서만 부름은 철학적 이성에게 도달하며 바로 이 경험과 관련하여 이성은 자신의 소명을 자각한다.

만일 철학적 이성과 신 사이에 직접적인 관계가 없다면, 이성의 신앙도 더 이상 존재하지 않으며, 이성과 신의 고유하고도 직접적인 관계의 특징인, 이성 특유의 태도, 곧 신을 인정하는 본래의 방식을 인정한다. 자신의 조건을 의식하는 탈 절대화된 이성에게 있어서, 이성의 신앙은 모든 이성적 증명만큼이나 불가능하다. 신 존재의 이성적 증명은 절대적이고, 신적이며, 대상으로서의 신에 대한 절대적 관점인 이성을 전제한다. 신에 대한 신앙은 무조건적 복종, 직접적인 부름에 대한 응답을 전제한다.

탈 절대화된 이성은 신과 무관하다는 말인가? 우리는 신앙에 의해 신을 만나고 동시에 추론에 의해 그에 대해 의사를 표시하기를 거부하는 이성의 새로운 불가지론이 나타나는 것을 보는가? 전혀 그렇지 않다. 철학적 이성은 반대로 자신과 신의 관계의 참된 본성을 자각한다. 신은 그것과 전혀 무관하지 않다. 그러나 신에 직면한 그의 고유한 조건은 정확히 간접적인 관계일 따름이다. 이성이 인간적 조건에 처해 있다는 것은 정확히 신에 직면하여 있다는 것이 아니다. 자신의 소명과 조건의 명시는 이성으로 하여금 이러한 조건의 본질적인 소여가 바로 믿는 자의 인간적 경험의 필요 불가결한 매개라는 것을 이해하게 해준다. 이러한 경험이 믿는 자의 경험이고 이성은 그것과 연대적이기 때문에, 어쨌든 신은 그와 무관하지 않다. 탈 절대화된 이성은 어쨌든 불가지론적이지 않다. 이성의 모든 자각은 간접적으로 신에 의해 결속된다. 그러나 동시에, 이성의 인간적 조건은 그 나름대로 (존재하지 않을 수 없는) 나의 신과의 관계는 무엇인가라는 이성의 물음에 대한 응답이다. 경험의 매개는, 이 조건이 인간적일 뿐이게 하는 바, 인간적 이성의 조건이다. 이성과 신의 이러한 간접적 관계는 이성에게 초래된 제한도, 자신의 야망의 슬픈 한계도, 한계-상황도 아니다. 인간적 이성의 유한성이 어두운 색조로 뿐만 아니라 비장한 어조로 묘사될 필요는 없다. 우리가 살펴본 바, 이러한 "유한성"은 "무제한적"이다. 이 간접적인 관계에 대한 의식은 이성에게는 해방적이다. 자신의 조건에 대한 이러한 각성은 자신의 현실적 위치를 자신에게 할당하고, 자신의 소명을 자신에게 제시한다. 진정한 자기 관계에 들어가는 이성은 신 앞에서 어떻게 생각해야 할지를 안다.

이성의 자유, 보증, 전환이 뿌리박고 있는 곳이 바로 여기다. 만일 이성이 신앙을 가지고 있지 않다면, 그것은 이 신앙의 부재 속에서 자기 자신에 대한 참된 신뢰, 자신의 소명과 관여를 발견하기 때문이다. 이러한 신앙 부재는 동시에 그리고 아마도 보다 근본적으로 여전히 불가지론의 부재이기 때문에, 무제한적인 이성은 자신의 고유한 철학적 기획에 대한 무제한적인 신뢰를 가질 수 있다. 이 기획은 신 앞에서 소명이 아니라 인간 앞에서의 그의 소명이다. 하지만 인간적 경험의 매개에 의해서 믿는 사람 앞에서의 이러한 소명은 말하자면 신 앞에서의 믿는 사람의 소명의 맥락인 어떤 맥락(정확히 그것이 조건이다!) 속에 잠긴다. 신은 여하한 경우라도 부재하지 않지만, 이성에게는 이제 현존하지 않는다.

이로부터 신앙의 신뢰, 곧 철학적 이성의 측면에서 인간과 인간의 경험에 대한 신뢰와 믿는 자의 경험의 측면에서 신에 대한 신앙이 제아무리 상이할지라도, 이러한 신뢰가, 말하자면, 그것이 그의 이성인 이 믿는 자의 신앙에 참여한다는 것은 명백하며, 신비하게도 명백하다. 그것은 믿는 자의 신앙과 연대적이다. 이성은 자신의 기획에 대해 신뢰를 가질 수 있는데, 이는 신의 부름에 대한 자신의 응답 속에 전적으로 관여하고 있는 믿는 자의 모든 활동이, 신앙이 그것으로 살아가는 약속과 소망 안에서 지지자 또는 일종의 포착 불가능한 근거를 발견할 수 있기 때문이다.

탈 절대화된 이성은 자신과 인간을 신뢰할 수 있는데, 이는 그것이 이러한 인간적 조건과 믿는 자의 삶을 변화시키는 신앙 덕분에 경험의 이러한 필요 불가결한 매개를 인식할 수 있기 때문이다. 만일 믿는 자가 신앙의 응답 속에서 신에 직면해 있지 않다면, 믿는 자의 이성이 신에 직면해 있다거나 신과 직접적인 관계를 맺고 있다고 생각될 것이다.

전통적인 상황이 이와 같이 완전히 전복된다. 왜냐하면 고전적인 철학에서 이성의 자기 자신에 대한 신뢰는 이 이성이 근본을 파헤쳐 보면 신적이거나 신과의 직접적이고 "무조건적인" 관계를 맺고 있다는 확신에 근거하기 때문이다. 우리가 살펴본 바, 이 직접적 관계는 정당화될 수도 없고, 논증할 수도 없다. 가능한 어리석음의 공격이 그것을 보여 주었다. 그러므로 신과의 직접적 관계라는 착상은 이성에게는 무조건적인 신앙 행위일 뿐이다. 그러므로 고전적인 철학은 도처에서 아주 자연스럽게 이성의 절대화와 그 무의식적이고 자폐적인 신격화라고 일컫는 신에 대한 신앙에 근거하고 있다.

자신의 조건을 의식하는 탈 절대화된 이성만이 신에 관하여 "자율적"이거나 무의식적으로 절대적 지위를 자신에게 귀속시키지 않는다. 우리가 그것을 한층 더 발전시킴에 따라 다음에 도달한다. 결국 철학의 자율성을 가능하게 하는 것은 바로 기독교적 경험이다.

. . . .

작품 해제

이 책의 간행을 주도했던 원고와 원칙에 대한 몇 가지 정보를 제공하는 것이 유익할 것이다.

이 원고는 40편 정도의 묶음의 형태로 단 하나의 서류 속에 있었다. 그것은 텍스트와 가장 최근의 부분인 목차를 포함하고 있다. 텍스트의 흐름 속에서 상징적인 제목에 따라 완성되었던 목차의 몇몇 줄(제1부 제4장)을 제외하고 온통 저자의 수기로 작성된 것이다. 이 저작의 마지막 장은 다른 서류에 있었다. 그것은 이미 옛 것이 된 그의 집필이 그 저작의 나머지의 구상의 단계와 전연 일치하지 않는다고 판단했던 저자에 의해 그 원고로부터 빼내어졌다. 재발견된 세 절의 제목들이 제2부 제2장의 목차에서 이전의 제목과 정확히 일치하기 때문에, 이 절들은 텍스트에 결합되었다.

일러두기에서 우리가 분명히 말한 것처럼, 이 책 제목은 저자가 붙인 것이 아니다. 편집자들이 이 저작 두 부분의 제목들로부터 그것을 구성했다. 장과 절의 제목에 관해서는 원고가 두 개의 제목을 제공하는데, 그 중 하나는 텍스트의 흐름 속에서 그리고 다른 하나는 목차 속에서 제공할 때도 있다. 이 경우, 저자가 목차를 선택해서, 목차로 선택된 경우는 아주 드물다.

장과 절의 순서는 문제가 되지 않는다. 사실, 그 묶음들은 저자 자신에 의해서 절의 순서가 만들어졌고 놓여졌다. 목차가 이러한 순서를 확증한다. 그럼에도 텍스트의 요소들이 언제나 상호간에 연결되어 있는 것은 아니다. 저작의 소재를 여러 차례 재구성했던 피에르 테브나즈는 가장 최근의, 아마도 최종적인 순서가 필요했던 이음매를 쓸 수 없었을 것이다. 따라서 단순히 읽어보기만 해도 그 원고의 다양한 층들이 나타나게 되며(예를 들면 마지막 장을 보라.), 그것의 모든 부분들은 동일한 순간에 작성되지 않았고, 원고가 그 흔적들을 담고 있는 바, 어떤 절은 끝나지 않았거나 심지어 주석의 형태로 제시되기도 한다(예를 들면 제1부 제4장, 3절을 보라).

몇몇 페이지들은 연필로 쓴 주석의 내용이고 이문(異文)들을 나타낸다. 이 후자들은 드물며 편집자들은 일반적으로 가장 최근의 강의를 택했다. 난외의 언급들은 그 저작의 거의 모든 구성과 관계가 있다. 24페이지에 주석으로 실려 있는 것을 제외하고 여기서 재생산되지 않는다. 게다가 원고의 목차에 첨부된 한 장은 미완결된 채로 있는 제2부 제2장의 완전한 계획과 역사적인 부록의 기획에 대한 아주 간단한 정보를 제시한다. 전체 기획을 이해하는 데 필수적인 이 페이지는 목차에 포함되어야만 하는 것으로 생각했다. 역사적인 부록으로 말하면, 피에르 테브나즈는 1950년대 이후의 어떤 논문들을 사용했음에 틀림없을 것이다.[17]

텍스트 구성과 관련하여 제기된 몇몇 문제들은 독자들로부터가 아니라, 바로 그 저작의 특징에서 기인된다. 붓 가는 대로 쓰여진 이 텍스트는 문어체라기보다는 훨씬 더 구어체로 되어 있으며, 그것은 저자가 확실

---

17) 그들 중 대부분은 바꼬니에르의 편집(1956)으로 철학자의 사후에 간행된 논문과 강연의 모음인 『인간과 그의 이성』에서 다시 편찬된다.

히 지워버려서 편집자들이 이따금 수정하는 것을 피할 수 없었던 미완성의 흔적들을 내포한다. 그러나 이 수정들은 구두점, 기억만으로 만들어진 어떤 인용들 그리고 몇몇 부주의에 제한된다.

이 저작의 미완적인 성격은 비판이 아니라 독자를 돕기 위한 목적으로 몇몇 기호들의 사용을 필요로 한다. 그것들은 다음과 같다.

* 미완성된 또는 단절된 전개를 가리킨다.

····· 공백을 가리킨다.

그 이외의 것에 관해서 말한다면, 인쇄상의 배치는 원고와 가능한 한 가깝다. 텍스트의 공간들은 저자의 원고대로 비워둔 것이다.

편집자들의 작업을 이끌었던 원칙은 다음과 같다. 무엇보다도 자연스러운 독서를 위해서 절대적으로 불가피한 몇몇 수정들을 제외하고는 어떠한 정정도 하지 않으면서 원고의 텍스트를 간행하는 것이다. 항상 마담 피에르 테브나즈의 의견을 들었고 그녀의 동의가 없이는 텍스트에 대한 어떠한 수정도 가하지 않았다. 그 원고가 그것을 참조하고 싶어하는 사람들에게 맡겨져 있는 만큼 모든 비판적 장치는 더욱 쉽게 배제되었다. 그것은 로잔에 있는 지방 대학의 도서관에 맡겼다.

편집자들은 원고에 일러두기와 작품 해제 이외에 몇몇 그리스 용어들의 설명과 안내자 노릇을 할 수 있는 그 저작의 주요 테마들을 분명히 드러내는 분석적 개요를 덧붙이는 것으로 만족한다. 그 개요의 어휘는 이따금 어떤 개념들을 약간 명시하면서, 저자의 그것과 가능한 한 가깝게 유지하고 있다. 제목들은 저자의 제목들이다.

여기서 우리는 첫번째로, 그의 지속적인 도움 없이는 이 간행이 불가능했던, 바꼬니에르의 편집장인 H. 하우저 씨에게 감사드리고 싶다. 마찬가지로 편집 위원회의 중심에서 공통 과제의 중요한 부분을 떠맡았던 이

브 브리델과 삐에르 자베씨에게도 감사를 전한다.

편집 위원회 일동. 다니엘 크리스토프, 베르너 스토파셔, 가브리엘 Ph. 비드메르

옮긴이의 말

이 책은 테브나즈(Pierre Thévenaz)의 La Condition de la raison philosophique(Editions de la Baconnière, 1960)를 번역한 것이다. 지은이는 1913년 스위스 뇌샤텔에서 출생하여 『존재와 사유』 전집의 편집장(1943), 로잔의 『신학과 철학 잡지』의 책임자(1951), 취리히 공과 대학 교수(1946), 그리고 로잔 대학 인문학부 교수(1948)로 재직하였다. 생전 저서로는 박사 학위 논문인 『세계 영혼. 플루타르코스에 있어서 생성과 질료』(1938)가 있고, 사후 저작으로는 『인간과 그 이성』 1권과 2권(1956), 『철학적 이성의 조건』(1960), 『형이상학이란 무엇인가? 후설에서 메를로 퐁티까지』(1966) 등이 있다.

　『철학적 이성의 조건』은 테브나즈의 후기 사상의 진면목을 나타내고 있는 책으로 2부로 구성되어 있다. 제1부는 기독교적 경험에 의해 철학적 이성의 인간적 조건을 조명하고, 제2부는 철학적 이성의 기독교적 조건을 규명하고 있다.

　제1부 〈철학적 이성의 인간적 조건〉에서 그는 충격-경험을 철학적 근본화의 요소로 상정하면서 경험과 이성의 관계를 조명한다. 불란서 반성 철학과 후설 현상학에 그 사상의 뿌리를 두고 있는 테브나즈의 철학적 반성은 기독교적 경험과 철학적 이성의 만남으로부터 시작된다. 좀 더 정확히 말하자면 하나님의 말씀에 대한 체험이 그의 철학적 사유를 야기시

킨다. 그렇다고 해서 그의 반성이 종교적이고 신학적인 것은 아니다. 그의 철학적 반성은 그 구조와 내용에 의해서 자율적이고 이성적이다. 기독교적 경험이 그의 철학적 반성의 출발점이라면, 현상학적 방법은 그의 고유한 연구방법론이다. 이 저서는 사실 기독교적 경험에 대한 현상학적 방법의 적용으로 이루어진다. 테브나즈가 후설의 현상학적 방법을 더 깊게 독창적으로 재포착한 사상가라고 하는 것은 주지의 사실이다. 그는 후설이 수행하고 있는 바, 현상에 대한 세 가지 환원, 곧 형상적 환원, 현상학적 환원, 선험적 환원에 네 번째 환원을 덧붙인다. 그에 의하면, 이성의 환원은 이성의 조건을 드러나게 하는 기획에 필수적인 것이다. 그것은 이성의 방법적 조작이 아니라 이성의 조건이 되는 환원이요 의식의 자기 자신으로의 환원이라고 할 수 있다. 이성의 환원은 이전에는 생각하지 못했던―칸트도 후설도 마찬가지다.―, 아니 좀 더 정확히 말하면 생각할 수 없었던 것이다. 왜냐하면 이성은 환원의 중심 자리를 꿰차고 있었기 때문이다. 이성의 환원은 철학적 이성이 기독교적 경험을 만나기 전까지는 생각될 수 없는 것이었다. 테브나즈는 "이 세상 지혜는 하나님께 미련한 것일 뿐이니"(고전3, 19)라는 하나님의 말씀의 공격 앞에 이성이 근본적인 아포리아에 직면하게 됨을 포착한다. 이 공격에 대해 이성은 자신이 어리석은지 아닌지를 증명할 수가 없다. 어리석다고 공격을 받았지만, 이에 대해 자신을 변호할 수 없는 이성은 처음으로 근본적인 자기 무지의 경험을 한다. 이처럼 이성을 위기에 놓은 것은 하나님의 말씀이다.

그러나 이 위기는 이성을 회의주의에 빠뜨리게 하는 것이 아니라 오히려 이성이 자신의 존재론적 지위를 자각하게 하는 기회가 된다. 이 위기에 의해 이성은 '관점으로서의 이성', '도구로서의 이성', '신적 이성'도, 세계에 대한 절대적 관점, 거대한 객관성도 아닌, '송두리째 드러난' 이성,

'상황에 처한' 이성, '그 자신이 문제가 된' 이성임이 드러난다. 이 이성은 근본적으로 '하나님 안의' 이성이 아니라 역사적이고 '하나님 앞에 위치한' 이성이다. 그의 연구 과제는 이와 같이 철학적 이성의 탈 절대화, 탈신 격화를 겨냥하고 있다.

그렇다면 이성의 탈 절대화의 기획은 어떻게 수행되는가? 이성은 기독교적 경험에 직면하여 최초로 자신의 타자를 만나게 되고 자신에 대한 이의 제기의 불가피성을 깨닫게 된다. 사실 테브나즈의 이성의 탈 절대화 기획은 두 가지를 요구한다. 첫째, 이타성 존중의 요구이다. 곧 테브나즈가 이성과는 근본적으로 다른 존재의 현존이라고 말하는 바, 십자가의 어리석은 것에 대한 존중의 요구다. 둘째, 성육신에 대한 진지한 포착의 요구다. 말하자면 자신이 어리석다는 하나님의 말씀의 공격에 대해 이성은 받아들일 수도 거부할 수도 없는 궁지에 내몰리게 된다. 한편으로 이 공격을 받아들이기를 거부하는 것은 인간 그 자신과 자신의 생생한 경험으로부터 자신을 분리하는 것이요, 다른 한편으로 이 공격을 수용하는 것, 곧 자신의 어리석음을 수용하는 것은 반이성적이다. 이성은 이 경험을 수용하거나 거절하거나 둘 중 어느 하나를 취할 수밖에 없는데, 그 어느 것도 이성이 자신의 본성을 부인하지 않고서는 가능하지 않다. 그런데 이성의 이러한 탈 절대화의 기획을 가능하게 하는 이중적인 요구는 이성 그 자신이 받을 수 있는 것이 아니지 않은가? 다시 말하면 신앙 체험이라는 종교적 경험의 매개에 의해서만 이성은 간접적으로 이 요구를 받을 수 있다.

그러나 문제는 개인적이며 사적인 충격-경험이 어떻게 객관적이고 학적인 출발점이 될 수 있는가 하는 것이다. 학의 출발점으로서의 충격-경험이 어떻게 정당화되는가? 기독교적 경험이 과연 과학적 경험이나 정치적 경험처럼 이의 제기력을 갖는가? 테브나즈는 기독교적 충격-경험이론이, 다른 수많은 역사적인 충격-경험과 마찬가지로, 우리의 삶과 습관적이거나 자연적인 사유에 이의를 제기한다는 점에서 유효한 경험임을 설득력 있게 보여 준다. 가령 소크라테스의 죽음이 플라톤에게 미친 영향, 아리스토텔레스의 도래로부터 오는 충격-경험이 토마스 아퀴나스의 물리학과 형이상학에 가져온 전대미문의 새로움, 뉴턴 과학과 흄의 비판 사이의 대조에 의해 독단적 선잠에서 깨어난 칸트의 경험뿐만 아니라, 그 이후 보다 인격적이고, 사적인 의미로 뻗어나가는 충격-경험, 곧 멘느드 비랑의 체험된 경험, 초감각적인 기질의 경험이 새로운 형이상학의 출발점이 되는 사건, 그리고 현대 물리학의 발전이 철학으로 변화하게 하며 인간 이성의 구조와 지위를 새롭게 생각하게 하는 사건 등과 마찬가지로, 기독교적 경험도 인간의 총체적 경험이며, 이러한 결정적이고 총체적인 경험은 인간의 삶과 행동, 감정과 사유 전체에 걸쳐서 이의 제기한다는 것이다. 이러한 점에서 충격-경험이론은 질문의 이론, 의심의 이론으로 드러난다고 할 수 있다.

그런데 테브나즈에 의하면 이성은 다른 인간들 속에서는 결코 진정한 타인을 만나지 못한다. 독백 속에서는 어떤 타인도 만나지 못한다. 어떤 다른 이성도 그 이성을 문제로 삼을 수 없다. 참된 타자를 만나지 못했다는 점에서, 테브나즈에 의하면, 철학적 이성은 자폐적이다. 후설도 초월적 의식을 나타나게 하기 위하여 이성의 본질적이고 선험적인 환원을 수행하지만, 의식 그 자체를 환원하지는 않는다. 기독교적 경험, 곧 하나님의 말씀의 공격에 의해, 이제 문제가 되는 것은 이성 그 자신임이 드러난다. 신앙의 개입에 의해 이성이 자기 자신 밖으로 내던져지자마자 자폐성이 갑자기 드러난다. 하지만 이성은 스스로 자신의 자폐성을 깨뜨릴 수 없다. 왜냐 하면 자폐성을 깨기 위해서는 자신이 알지 못하는 자연적 보증에 입각해야 하기 때문이다. 마찬가지로 자기 비판도 자폐성을 깰 수 없는데, 이는 이성 자신이 항상 비판적 지위와 중심을 점유하고 있기 때문이다.

이성의 자폐성이 파열하고 새로운 자기 의식이 솟아나게 한 것은 바로 기독교적 충격-경험이다. 이 경험에 의해 이성은 자기 자신과 더 이상 일치하지 않는다는 사실을 깨닫는다. 깨어진 자폐성으로서의 이 탈중심은 이성으로 하여금 처음으로 자신의 진면목을 자각하게 한다. 자신의 고발자가 옳다는 것을 인정할 때, 이성은 자신의 어리석음에서 치유되고 그것에 의해 자신이 어리석지 않을 수 있다는 것을 증명한다. 아테네인들의 무의식적 무지를 깨우쳐 의식적 무지로 나아가게 하고, 한 걸음 더 나아가서 진지(眞知)의 세계로 그들을 인도하는 것이 소크라테스의 사명이었던 것과 마찬가지로, 테브나즈의 사명도 자기 의식의 명시화라는 기획을 통해 이성으로 하여금 자신의 근본 무지와 자폐성을 깨닫게 하고, 곧 무의식적 자폐성에서 의식적 자폐성으로, 나아가서 새로운 자기 의식에 도달하게 하는 것이다. 어리석음의 가능성의 논제에 의해 야기된 자각과 명시화의 과정은 이성의 자기 자신과의 새로운 관계, 곧 자기 관계에 도달하게 한다. 곧 자아는 더 이상 자명하지 않으며, 이성은 즉자를 갖지 않는다는 것이 의식의 명시화의 결정적인 결과이다. 이러한 의미에서 테브나즈는 이성이 주어진 것이 아니라 오히려 주어져야 하는 것이라고 언급한다. 따라서 자기 의식은 자기 의지가 된다는 점에서, 이성의 조건의 명시화라는 테브나즈의 기획은 철학의 윤리학화, 게다가 철학의 정치학화를 통해 성취된다. 이것은 철학적 기획의 기독교적 결론에서 더 분명하게 드러난다.

제 2부 〈철학적 이성의 기독교 조건〉에서 테브나즈는 이성과 신앙의

변증법적 관계를 규명하는 데 대부분을 할애하고 있다. 이성과 신앙은 인간 전체에 공외연적이라는 점에서 만나지만, 양자가 다른 지향성을 추구한다는 점에서는 서로 전혀 다르다. 신앙이 신을 향한 인간의 응시라면, 이성은 인간의 그 자신을 향한 응시라고 할 수 있다. 이성은 초월적인 부름도, 십자가의 희생도 알지 못하며 심지어 자신이 신 앞에 직면해 있음도 알지 못한다. 이성이 순수하게 자기 의식이라는 점에서 신앙과는 사뭇 다르다. 이것이 바로 철학적 이성의 인간적 조건이다. 그러나 신앙이 간접적으로 철학을 움직이게 하는 것과 마찬가지로, 이성의 인간적 조건이 간접적으로 하나님에 의해 집중된다는 점에서, 테브나즈는 양자가 변증법적 매개의 관계를 맺고 있음을 보여 준다. 요컨대 믿는 자의 신앙이 자율적 이성에 의한 인간 조건의 충만한 해명에 필수적인 매개라면, 자율적 이성에 의한 인간 경험의 남김 없는 명시화는 신앙의 충만함과 풍요로움에 필수적인 매개라는 것이다. 바로 이것이 테브나즈가 말하는 철학적 이성의 기독교적 조건이다.

테브나즈의 자기 의식 조건의 명시화는 현상학적 방법을 통해서 수행된다. 이성은 자신에 의해서는 자신의 어리석음을 알지 못하며 따라서 근본적인 난점을 보지 못할 뿐만 아니라, 자신의 어리석음과 자폐성으로부터 벗어날 수도 없다. 환원의 방법을 통해 최초로 명시된 자기 의식은 자기 무지의 의식 또는 내면적 불투명성인 함축적 의식이다. 환원된 이성은 이러한 자신의 불명료함을 자각하는 이성이다. 과감한 탈중심화에 의해 이성은 자신의 본성을 뛰어넘게 된다. 한편으로 이성은 자신의 현실적인 것과의 관계, 곧 자신의 인식의 궁극적 확실성을 정당화하는 존재론적 기초와의 관계를 확정할 수 없다. 다른 한편 이성은 더 한층 우리 자신에 대한 절대적 관계를 확정할 수 없다. 그러나 이 맹목적인 지점, 이 불투명성은 우리 인식의 소외나 주관성의 요소가 아니라, 자기와의 직접적 관계, 자기 본유성에 대한 불가능성의 자각과 다른 것이 아니다.

이로서 테브나즈는 주체로서든 대상으로서든 자족적 자아란 없다는 것을 보여 준다. 곧 자기 관계, 조건 의식만이 존재한다는 것이다. 테브나즈에 의하면, 조건 의식은 시작과 끝 사이의 중간에서, 파스칼이 인간의 바로 그 거처라고 본 무한자와 무 사이의 중간에서 그 진정한 형이상학적 뿌리 박음이다. 이성의 소명이 신앙에게 내용과 장을 주는 이유는 이성의 철학적 활동이 인간의 자연적이고 참된 조건을 해명하는 것이기 때문이다. 이성에게 초월적 소명이란 없다. 테브나즈는 크리스찬 빵장수와 구두 수선공의 소명이 사람들이 잘 먹게 하고 잘 신게 하는 데 있는 것처럼, 인간의 활동이 그 자체로 초월적 소명이 아니며, 마찬가지로 이성의 소명도 초월적 소명이 아님을 보여 준다.

테브나즈에 의하면, 신앙이 인간 이성의 가능한 어리석음을 우리로 생각하게 하지 않는다면, 참된 철학은 가능하지 않다. 철학자는 오직 순수한 신앙 행위 속에서만 어리석음의 공격을 받아들일 수 있다. 이성이 그 자신의 내적인 독백 속에서는 자신의 이성을 의심할 아무런 이유도 없기 때문에, 자신의 양식을 문제시할 수 없다. 그러므로 이성 자체만으로는 진정한 타인을 만날 기회도 인간적 조건의 진정한 철학을 심사숙고하여 구상할 기회도 주어지지 않을 것이다. 이성에게 자기 자신으로부터 나가고 자신을 새롭게 보게 해주는 출발점을 찾아야만 한다. 이 새로운 출발점은 어디에서 찾을 수 있는가?

테브나즈는 나의 자각이 하나님에 의해 선행된다는 점에서, 신학적 차원에서 우리는 항상 탈중심의 분위기에 있다는 것을 보여 준다. 곧 자기 관계란 하나님을 관통하거나 오직 하나님으로부터 자아로 가기 때문이다. 어리석음의 공격만이 이 출발점을 이룰 수 있기 때문에 이 어리석음의 공격의 신적 기원을 인정해야 함과 동시에 오직 그것으로부터만 유의미한 내용을 받아들여야 한다는 것이다. 이성은 자신의 가능한 어리석음을 오직 하나님의 말씀에 대한 신앙에 의해서만 발견할 수 있다. 곧 이성의 자기 자신에 대한 자각은 기독교적 신앙으로부터 가능하게 된다. 이성은 자기 자신에 의해서는 하나님을 알 수 없고, 다만 신앙에 의해 받아들여진 어리석음의 공격에 대해서 답변할 수 있을 뿐이다. 환원된 이성은 신앙의 빛 속에서 자신의 진정한 불안정성을 인식하고 인수하며, 이와 같이 기독교적 조건에서 추론하기를 수용하는 이성이다. 기독교적 조건에서 이성은 정신을 변화시키고, 자신의 자연적 의미를 전환하는 것으로 이루어지는 오성의 개혁을 성취하고 결국 인간적인 것으로 전환된다. 그것은 형이상학이 아니라 메타 노에틱, 회개의 철학, 관여의 철학을 이룬다. 한마디로 말하면, 테브나즈의 철학적 기획의 기독교적 결론은 소명과 책임의 철학이라 할 수 있다. 이성의 소명은 인간과 그의 경험을 점점 더 깊게 결합시키며 자신의 의심을 이 경험의 무제한적인 척도에로 확장하는 것이다. 이러한 점에서 우리는 테브나즈와 함께 기독교적 경험이 철학의 자율성을 가능하게 한다고 할 수 있지 않을까?

이와 같이 테브나즈의 절대자 없는 철학의 기획은 인간 조건의 해석학으로 귀결된다. 이성이 인간이며, 인간 전체일 때, 이제 피안의 형이상학은 차안의 형이상학으로 내려오고, 신적이고 절대적인 철학은 인간으로서의 인간의 철학이 되며, 무한성과 필연성에 대한 반성은 유한성과 우연성에 대한 반성으로 탈바꿈한다. 이러한 점에서 서구의 철학적 전통의 흐름에서 테브나즈의 해석학은 이성의 조건의 심화, 이성의 탈신격화와 인간화에서 진일보하는 것으로 평가 받는다. 절대적 진리, 절대적 가치,

절대적 의미가 추방되고 상대적 진리, 상대적 가치, 상대적 의미가 지배하는 포스트모던적 시대에서 테브나즈의 절대자 없는 철학은 회의주의나 불가지론으로 우리를 인도하는 것이 아니라 오히려 이성의 참된 자기 자각으로 인도하며 이성을 그 독단적 선잠에서 깨어나게 한다는 점에서 현대의 허무주의를 넘어서는 길을 시사한다고 말할 수 있지 않을까? 이 책이 인간 조건의 심화와 인간 이성의 해방에 한 걸음 더 나아가는 안목을 제시해 주는 데 기여한다면 역자로서 만족감은 충분하다 하겠다.

찾아보기